Uli Hauser
Eltern brauchen Grenzen

Zu diesem Buch

Turboschule, Förderwahn, ängstliche Eltern: Kinder haben es nicht leicht. Statt im Freien zu toben und auf Bäume zu klettern, hocken sie drinnen vor dem Fernseher oder Computer. Statt raus auf die Straße und spielen, heißt es: ab nach Hause, lernen. Schon Kindergartenkinder müssen sich den Anforderungen der Leistungsgesellschaft stellen. Noch nie konnten Eltern ihren Kindern so viel anbieten, noch nie hatten sie so viele Sorgen, die sie an die Kinder weiterreichen: Kaum ein Achtjähriger darf noch allein zur Schule gehen, vier von fünf Zehnjährigen haben ein eigenes Handy, damit die Eltern jederzeit wissen, wo ihre Kinder sind. Rettet die Kindheit! Uli Hauser fordert in seinem Buch mehr Gelassenheit im Umgang mit Kindern und die Anerkennung der unbeschwerten Kindheit als »Weltkulturerbe«. Nur eine Kindheit in Freiheit und Geborgenheit bietet eine solide Basis für ein glückliches Leben.

Uli Hauser, 1962 in Orsoy am Niederrhein als Ältester von sechs Geschwistern geboren, engagierte sich jahrelang in der Kinder- und Jugendarbeit. Seit 1992 ist er Reporter des Stern, wurde unter anderem mit dem Theodor-Wolff-Preis ausgezeichnet und veröffentlichte die Bücher »Die Kunst, zufrieden zu leben« und »Die Spiritualität der Mönche«. Er lebt mit seiner Familie in Hamburg.

Uli Hauser

Eltern brauchen Grenzen

Lasst die Kinder Kinder sein

Piper München Zürich

Mehr über unsere Autoren und Bücher:
www.piper.de

Originalausgabe
1. Auflage Oktober 2008
3. Auflage Januar 2010
© 2008 Piper Verlag GmbH, München
Umschlag: semper smile, München
Umschlagabbildung: plainpicture / Andrea Schoenrock
Autorenfoto: Tinka Dietz
Satz: Filmsatz Schröter, München
Papier: Munken Print von Arctic Paper Munkedals AB, Schweden
Druck und Bindung: CPI – Clausen & Bosse, Leck
Printed in Germany   ISBN 978-3-492-26282-8

Inhalt

Für meinen Sohn.
Und alle anderen Kinder.

»Erziehung ist zwecklos; die Kinder machen den Erwachsenen ohnehin alles nach.«

KARL VALENTIN

Kindheit gestern, Kindheit heute:
Eine kleine Einführung

Wir hatten Zeit und keine Uhr

Als wir Kinder waren, waren wir viele. Kerskens gegenüber hatten neun, Oelingers die Straße hoch fünf, und zu Hause waren wir sechs. Die Jungs spielten Fußball, die Mädchen Gummitwist. Wir schnitzten Steinschleudern und jagten Hasen. Unser Bullerbü lag in Orsoy am Rhein, einem alten Städtchen mit einer Stadtmauer um kleine Häuser. Am Kuhteich rauchten wir die ersten Zigaretten, mit elf oder zwölf. Uns wurde schlecht, aber niemand hat es bemerkt. Meine Eltern ließen uns laufen, und wenn die Erwachsenen zusammensaßen, bekamen wir einen eigenen Tisch.

Wir haben Regenwürmer zerteilt und Ameisen geschluckt. Bauten Höhlen hinter Hecken und klauten Äpfel von den Bäumen. Wir kauften Schwarzpulver und warfen Knaller. Wir fielen in Pfützen, was wir nicht wollten, und machten Feuer, was wir nicht sollten. »Feuerchen«, sagten wir. Wenn Hochwasser war, traten auch wir in Stiefeln über das Ufer. Als mein Drachen im Herbst auf der anderen Rheinseite landete und ich heulend auf dem Deich stand, nahm mich ein älterer Herr, Herr Schoonenberg, an die Hand und kaufte mir im Spielzeugladen einen neuen.

Wollten wir wissen, wie spät es ist, schauten wir hoch zur Kirche. Wir hatten Zeit. Wir streunten durch die Felder und waren immer dreckig. Samstags wurde gebadet, sonntags ging es zum Hochamt. Danach nahm mein Vater uns Kinder auf ein Malzbier mit in eine Gaststätte, wo sich die Männer an der Theke trafen. Und dann gab es zu Hause Mittagessen. Unser katholisches Jahr hatte seine Ordnung: Die schlimmsten Wochen waren die vor Ostern, als wir in der Fastenzeit auf Süßes verzichten sollten. Die härteste Strafe war Hausarrest, dann durften wir nicht raus. Am Sonntag langweilten wir uns, weil wir uns nicht verabreden durften.

Mein Vater war Milchmann. Einen solchen Menschen kennt man heute nur noch aus Filmen. Er trug einen weißen Kittel und stand morgens um drei auf, um in der zehn Kilometer entfernten Molkerei Milch in Kannen zu füllen und Yoghurt zu holen, Butter und Quark. Danach klapperte er die Haushalte unserer Stadt ab und fuhr über die Dörfer. Er hupte, wenn er da war, oder läutete mit einer Glocke. Wir Kinder mussten in den Ferien schon frühmorgens helfen und bekamen mit dem Sonnenaufgang in der Backstube warme Brötchen. Mittags gab es Eis; auch der Eismann war unser Kunde. Manchmal riefen die Leute nach Feierabend an, weil sie noch Milch brauchten. Dann schickte uns mein Vater mit dem Fahrrad los: Für einen Liter fuhren wir drei Kilometer hin und drei zurück. Das war kein Spaß, aber es gab Trinkgeld. Das wichtigste Wort meiner Kindheit war: frisch. Es gab frische Kekse, frischen Käse, frische Milch. Holländischen Gouda von einem kreisrunden Zwölfkiloleib und Bauernmilch aus einem blitzblanken Tank, der jeden Tag geschrubbt wurde. Die Kunden brachten kleine Kannen mit: Zwei Liter Milch, bitte.

Unser Pastor war der erste Mensch, von dem ich wusste, dass er unsere Stadt manchmal für längere Zeit verließ. In der Woche holte er mich als Messdiener aus dem Unterricht, wenn wieder eine Beerdigung anstand. Dann zogen wir in schwarz-weißen Gewändern über den Wall und sangen: »Wir sind nur Gast auf Erden.« Auf dem Friedhof lagen mein Opa, Onkel und Tante und später auch meine Oma. Allerheiligen stellten wir kleine Kerzen auf ihr Grab, das ewige Licht. An einem Brunnen gab es Wasser für die Blumen: Dort löschten wir Jungs nach dem Fußballspielen unseren Durst. Skat und Schach lernte ich im Pfarrheim von alten Männern.

Das ist nicht lange her, 30, 40 Jahre. Es ist ein Teil der Geschichte meiner Kindheit. Deutschland war auferstanden aus Ruinen und die Wirtschaft ein Wunder. Die Frauen bekamen wieder Kinder und meine Generation das Prädikat »geburtenstarker Jahrgang«. Ich kannte kein Kind ohne Geschwister und nur Kinder, die bei Vater und Mutter lebten. Wohin ich auch kam, die Familienverhältnisse waren immer so, wie sie damals in einem Schlager besungen wurden: »Der Papi bringt das Geld nach Haus, die Mami wäscht und kocht.«

Im Fernsehen gab es drei Programme. Mittags waren die Geschäfte für zwei Stunden geschlossen; Mütter schickten ihre Kinder vor die Tür, um Mittagsschlaf zu halten. In den großen Ferien fuhren wir mit dem Rad ans Baggerloch, in den anderen Ferien spielten wir Fußball, morgens, mittags und abends. Wurde es dunkel, gingen wir nach Hause.

Computer kannte ich nur als Begriff aus dem Lexikon, und der Fernsprecher hatte einen festen Platz im Haus. Man konnte damit nicht spazieren gehen. Unsere Welt war unterteilt in klein und groß. Die Großen hatten das Sagen. Selbst wenn sie nur ein Jahr älter waren. Wenn Erwachsene etwas besprachen, dann nicht vor uns. Wer was wollte, kam vorbei. Unangemeldet. Ob groß. Oder klein. Entweder von hinten, über den Garten. Oder von vorn, durch die Haustür. Man schellte kurz und sagte: »Ach, ich wollte eigentlich nur mal Guten Tag sagen.«

Weniger Kinder, mehr Probleme

Wenn Kinder sich heute verabreden, brauchen sie ein Telefon. Es ist nicht einfach, nach der Schule spontan andere Kinder zu sehen. Auf dem Fußballplatz bolzt niemand. In den Küchen hängen Terminpläne. Lewin, 9, hätte noch donnerstagnachmittags Zeit, aber da sitzt sein bester Freund bei der Nachhilfe. Danach hat meist seine Mutter etwas mit ihm vor. Sein zweitbester Klassenkamerad wohnt einen Kilometer weiter, darf aber allein nicht los. Konrad von gegenüber übt nach den Hausaufgaben Klavier. Elian, 10, hockt lieber vor dem Laptop. Da kann er Skateboard fahren. Und so tun, als sei er schon 16.

Jedes dritte Kind im Alter von acht und neun Jahren, das

ergab eine Untersuchung des Münchener Jugendinstituts aus dem Jahr 2007, wünscht sich mehr Kinder zum Spielen; jedes zehnte Kind ist ohne einen guten Freund. Über die Hälfte trifft sich nach der Schule mit einem Kind, nur knapp ein Viertel mit drei Spielkameraden oder mehr. In Deutschland leben heute zwölf Millionen Kinder unter 15 Jahren, sechs Millionen weniger als 1970. In Großstädten wohnt nur noch in jedem fünften Haushalt ein Kind. Die meisten Kinder wachsen ohne Geschwister auf, viele nur mit Mutter oder Vater. Die Eltern ersetzen die Spielkameraden. An Sandkästen sieht man mehr Erwachsene als Kinder.

Die Zeitungen drucken Artikel, dass Eltern ihre Kinder nicht ausschimpfen sollen, wenn sie mit dreckigen Fingern nach Hause kommen. Psychologen werden zu Rate gezogen, um zu erklären, dass sinnfreies Herumstampfen in Regenpfützen die sensomotorische Entwicklung voranbringe. Und es wirklich nicht schlimm sei, sich im Matsch mal richtig nass und dreckig zu machen. In Fernsehbeiträgen über frühkindliche Erziehung beschreiben besorgte Mütter Bildungswege »von der Nabelschnur« an.

Der verwirrend schnelle Wandel und das enorme Ausmaß der Veränderungen unterscheidet unser Leben von dem jeder Gesellschaft davor. Wir können nicht davon zehren, was war; unsere Sorge gilt dem, was wird. Die Kinder bekommen mit, wie unübersichtlich die Welt geworden ist. Dass Chaos herrscht, wo früher Halt war. Missachtung den Respekt verdrängt. Beliebigkeit die Ordnung ersetzt. Die Menschen nur das Schöne, das Kräftige, das Erfolgreiche verehren. Selbstverständlich ist nichts mehr: Was heute gilt, kann morgen falsch sein. Kinder lernen, dass Anstrengung und Ausdauer sich nicht immer bezahlt machen. Dass eine gute Ausbildung, Fleiß und Pünktlichkeit allein keinen Arbeitsplatz garantieren.

Die Löhne sinken, die Anforderungen steigen. Unternehmer fertigen Studenten nach ihrem Universitätsabschluss mit einem unbezahlten Praktikumsplatz ab. Das Leben wird zur Warteschleife. Wer einen Job hat und nicht permanent Extraschichten schiebt, gilt als »Minderleister« oder »Niedrigleister«. Bei der Familienplanung schauen Eltern erst aufs Geld. Karriere ja, Kind nein: Zum ersten Mal in der Geschichte werden Kinder zur gesellschaftlichen Minderheit. Sie wachsen in eine zunehmend alternde Gesellschaft hinein. Betrug das Durchschnittsalter der Menschen in Europa Anfang des vergangenen Jahrhunderts 37 Jahre, soll es bis 2050 um zehn auf 47 Jahre steigen. Schon jetzt leben in Deutschland mehr Menschen über 60 als unter 20 Jahren, in wenigen Jahren bezieht jeder zweite Deutsche Rente. Zwei von drei Deutschen halten Deutschland für »kinderfeindlich«. Nur ein Drittel ist der Ansicht, hierzulande gäbe es für Familien gute Bedingungen.

Mangelware Kind

Wir leben in einem der reichsten Länder der Welt. Das Essen kommt auf Rädern, das Wasser aus der Leitung. Wer friert, dreht die Heizung auf. Der nächste Arzt ist um die Ecke. Das Radio warnt vor Unwettern, aber die gefährlichen Stürme wüten woanders. Wir haben uns an das Waldsterben gewöhnt und die Vogelgrippe. Den Wahnsinn von Rindern und das Loch im Ozon. Die Erhöhung der Mehrwertsteuer und den Streik der Lokomotivführer. Die Politiker reden schon wieder von Vollbeschäftigung. Wir haben von allem genug. Nur nicht von Kindern. Die werden knapp.

Es gibt nur wenige Länder auf der Welt, in denen die Geburtenrate niedriger ist als in Deutschland. Der Export-Weltmeister belegt auf einer Rangliste von 191 Ländern derzeit fast ganz abgeschlagen den 180. Platz. Lediglich die Hälfte der Deutschen empfindet das Leben mit Kindern als »bereichernd«. Das ist das Ergebnis einer Studie des Wiesbadener Bundesinstituts für Bevölkerungsforschung. In einer Umfrage der emnid-Meinungsforscher gab ein Drittel der Befragten bis 39 Jahre an, keine Kinder haben zu wollen. Noch zu Beginn der 1990er-Jahre wollten nur 9,9 Prozent der Frauen und 11,8 Prozent der Männer kinderlos bleiben. »In Deutschland hat sich das Ideal der freiwilligen Kinderlosigkeit ausgebreitet«, sagt der Bielefelder Bevölkerungsforscher Herwig Birg. »Wir werden im 21. Jahrhundert nie wieder so viele Kinder und Jugendliche haben wie heute, obwohl es jetzt schon so wenige sind.«

Die einen finden nicht den richtigen Partner, den anderen sind Kinder zu teuer in Anschaffung und Unterhalt. Immer weniger Menschen binden sich dauerhaft, an einen Partner, an eine Arbeit, an ein Kind. Die Zeiten sind so.

»Es ist vielleicht ein trauriges Zeugnis für die Menschheit, dass in dem Maße, in dem die Ausbeutbarkeit von Kindern zurückging, auch das Interesse nachließ, Kinder zu haben«, schreibt der amerikanische Soziologie-Professor James S. Coleman in seinem Buch »Die asymmetrische Gesellschaft«. »An die Stelle der Ausbeutung tritt dann die Gleichgültigkeit. Kinder sind nicht mehr nützlich, weder als Kinder noch später als Erwachsene, wenn ihre Eltern krank sind – wer also wird die Verantwortung dafür übernehmen, sie zur Welt zu bringen und sie aufzuziehen?«

Die einen klagen, die anderen jubeln. Kinder in die Welt zu setzen, bedeutet heute eine Möglichkeit unter vielen, sein Leben zu gestalten. Es ist ein absurder Wettbewerb darüber entstanden, ob nun ein Kind zu einem erfüllten Leben gehört oder nicht. Schwangere Frauen stellen ihren Babybauch auf Titelseiten aus und huldigen ihrer Wölbung, als hätten sie einen Jahrmillionen alten Akt neu erfunden. Lifestyle-Ikonen wie Madonna oder Angelina Jolie sammeln weltweit verwaiste Kinder ein und lassen sich alle paar Monate mit ihren neuen Eroberungen ablichten. Kinder sind Pop: Auch Victoria Beckham hat gerne einen Fotografen dabei, wenn sie mit ihren Söhnen Brooklyn und Cruz shoppen geht. Und selbst die Mutter von Sarah Connor ist mit ihren zarten 50 Jahren in guter Hoffnung, dass ihr die Menschheit beim Austragen von Zwillingen zusieht.

Kinder, die nicht geboren werden, können auch nicht Eltern werden. Wo wenige Kinder sind, wachsen wenige nach. Das klingt banal, wird aber mit einem Blick auf die Statistik deutlich: Es gibt Berechnungen, dass bald vier von zehn Kindern keine gleichaltrigen Verwandten mehr haben werden. Tante und Onkel, Cousine und Cousin sind Auslaufmodelle. Lieb Vaterland, magst unruhig sein: Nur wer Kinder erlebt, ihre Ausgelassenheit und Freude, ihre Neugier und ihre Liebenswürdigkeit spürt, wird Lust haben, selber Vater oder Mutter zu sein.

Aber viele potenzielle Eltern wollen lieber Cabrio statt Kombi und Wellness statt Windeln. Jeder so, wie er mag: Das ist kein Grund, auf die Kinderlosen einzudreschen. Kinderkriegen ist keine heilige Pflicht, das haben wir hinter uns. »Kinder«, sagt zum Beispiel mein Freund und Großfamilien-Vater Heiko, »sind ein schlechter Hunde-Ersatz.« Und sie kosten Geld. Die Ausgaben für den Unterhalt und die Erziehung steigen ständig. Aus ökonomischer Sicht sind Kinder keine lohnende Investition.

In Deutschland werden von Jahr zu Jahr weniger Kinder geboren; ihre Zahl halbierte sich von 1,3 Millionen im Jahr 1965 auf 680 000 im Jahr 2006. Die Zahl benachteiligter Kinder aber stieg um das 16-Fache. Fast drei Millionen Mädchen und Jungen unter 15 Jahren leben in Armut. Das ist fast jedes sechste Kind. Viele kommen ohne Frühstück in die Schule, können sich keine Ausflüge leisten und haben wenig Hoffnung auf eine bessere Zukunft. Mehr als ein Drittel der 15-Jährigen geht davon aus, später keine qualifizierte Arbeit zu haben. Sie finden sich früh damit ab, nicht dazuzugehören.

64 Prozent der Europäer fürchten härtere Zeiten. Das Leben werde für die kommende Generation schwieriger sein. Für viele ist es das heute schon: Millionen Kinder und Jugendliche erleben nicht, dass ihre Eltern morgens aufstehen,

um zur Arbeit zu gehen. Ihnen wird nicht vorgelebt, dass es lohnt, sich anzustrengen. Irgendwann hat die Kraft ihrer Eltern nicht mehr gereicht und die Erfahrung über die Hoffnung gesiegt: Egal, was ich mache, ich komme nicht voran. Fragt man die Kleinen nach ihren Zielen, sagen sie: »Ich will auf die Straße.« Oder: »Ich geh zum Arbeitsamt.«

Ich bin mit dem Satz groß geworden, es solle mir eines Tages besser gehen als meinen Eltern. Alle Väter und Mütter haben diesen Satz damals ihren Kindern eingetrichtert. Heute würden viele Eltern aufatmen, ginge es ihren Kinder nicht noch schlechter als ihnen. Wirtschaftlicher Druck, Überforderung und Unzufriedenheit werden bei den Schwächsten abgeladen. Kinder erleben in jeder dritten Familie Gewalt. Viele Eltern sind nicht mehr willens und in der Lage, ihren Kindern zeit ihres Lebens beizustehen. Sie sind mit sich und ihren Sorgen beschäftigt. Die Zahl misshandelter Kinder steigt. Über 1,4 Millionen Jungen und Mädchen werden von ihren Eltern gequält. Geschlagen, gedemütigt und eingesperrt. Geschüttelt und geohrfeigt. Das schätzen die Experten des Kriminologischen Forschungsinstituts Niedersachsen. 2006 wurden in Deutschland so 190 Kinder getötet.

Kein Tag vergeht ohne neue Schreckensmeldungen. Jessica in Hamburg, Kevin in Bremen, Lea-Sophie in Schwerin: nur ein paar Namen aus der langen Liste der toten Kinder. Eine Mutter erzählte dem Richter, sie habe sich ihr Leben lang nach Liebe gesehnt und gehofft, diese endlich von ihrem Kind zu erhalten. Ihr Baby aber habe immer nur geschrien, und da sei sie durchgedreht.

Kollision der Königskinder

Die Kindheit bewegt sich zwischen den Extremen: verwöhnt und vernachlässigt, Gewinner und Verlierer. Es gibt immer mehr Eltern, da dreht sich alles ums Kind. Noch nie konnten sie ihren Kindern so viele Angebote machen. Es ist alles so schön bunt hier, wir können uns gar nicht entscheiden. Soll unser Kleiner schon mit drei Klavier lernen? Oder doch lieber Französisch? Seepferdchen mit vier oder fünf Jahren? Wäre es nicht schön, wenn der kleine Finn ein paar Yoga-Übungen beherrscht, damit er sich entspannt durchs Leben atmet?

Ein Kind krönt die durchgeplante Biografie:»Königskinder« nennt sich ein Hort in Köln. Die»VIBs«, very important Babies, sind in Watte gepackt. Jedes Signal ist von größter Bedeutung, jede Winzigkeit wird gedeutet. Wie das Kind guckt, was es auch macht: Keine Regung bleibt unkommentiert. Die Kinder sollen Entscheidungen fällen, die ihre Eltern ihnen nicht abnehmen. Missverständliche Aussprachen ersetzen klare Ansagen:»Magst du mir beim Aufräumen helfen? Was hältst du davon, wenn du jetzt ins Bett gehst?« Kinder beobachten nicht, was Vater und Mutter sonst noch zu tun haben: Es bleibt ihnen nichts anderes übrig, als ihren Eltern beim Kümmern zuzusehen. So erniedrigen sich Erziehungsberechtigte zu servilen Handlangern, die ratlos sind und Bestätigung suchen. Sie geben keine Antworten, sondern stellen Fragen:»Mache ich auch alles richtig?«

Familien können nicht auf Unterstützung zählen. Verwandte und Freunde fühlen sich kaum mehr verantwortlich, sie haben mit sich zu tun. In den Städten scheitert jede zweite Ehe, aus den Dörfern wachsen Reihenhaussiedlungen mit hohen Hecken. Die Solidarität mit Eltern bröckelt. »Die moderne Kleinfamilie«, sagt der Hannoveraner Psychologe Wolfgang Bergmann, »lebt heute in einer hoch individualistischen Kultur. Und muss sich allein stabil halten. Die Verhältnisse werden immer wieder neu austariert und verhandelt. Von Stunde zu Stunde sollen Befindlichkeiten und Bedürfnisse erfüllt werden, sonst gibt es keinen Grund mehr, zusammenzubleiben.« Das Kind werde so zur »Bürgschaft einer fragilen emotionalen Gemeinschaft«.

Kinder spüren, wie der tägliche Kampf um Respekt, Anerkennung und Planerfüllung Eltern an den Rand ihrer Möglichkeiten treibt. Die Menschen sind den Veränderungsprozessen und dem Anpassungsdruck der Gesellschaft nicht mehr gewachsen. Früher haben sie sich hochgearbeitet, heute stehen ausgezeichnet ausgebildete Fachleute auf der Straße. Chronischer Erschöpfung folgt eine selbstzerstörerische Mischung aus Verletztheit, Hilflosigkeit, Groll und Aggression. Die Angst, nicht mehr zu genügen, beherrscht den Alltag. Ein Drittel der Eltern, sagt der Bielefelder Soziologe Klaus Hurrelmann, sei heute mit der Erziehungsaufgabe »schlicht überfordert«.

Dass sich Väter und Mütter um das Wohlergehen ihrer Kinder sorgen, ist nichts Neues. Aber wenn man mit Erziehern und Ärzten, Lehrern und Therapeuten spricht, wird eines rasch deutlich: Im Großen und Ganzen war der Umgang mit Kindern schon mal gelassener. Das wächst sich aus, das renkt sich ein, das wird schon werden: Man hört es nicht mehr so oft.

Kinder ahnen, was falsch läuft, ohne dies formulieren zu können. Ihr Wissen von den Anfängen, so, wie es richtig sein müsste, ist noch nicht ganz verschüttet. Sie finden sich nicht damit ab, immer nur verglichen zu werden. Mit den Besseren. Klügeren. Schnelleren. Sie sind Menschen, keine Maschinen. Sie sind Kinder und keine kleinen Erwachsenen. Sie wehren sich, sie beißen, treten, spucken. Sie fordern uns heraus. Sie wollen Kinder sein und keine »Ich AG«. Und brechen doch irgendwann zusammen, wenn ihnen niemand zur Seite steht. Sie leiden und zerbrechen daran, wenn sie nicht Kinder sein dürfen. Dann kauen sie Fingernägel blutig, reißen sich die Haare aus, rennen mit dem Kopf gegen die Wand. Viele Kinder wissen sich nicht mehr zu helfen. In Hamburg versuchte ein sechsjähriges Mädchen mit einem Küchenmesser seine Pulsadern aufzuschneiden. Sie hatte im Fernsehen gesehen, wie das geht.

In den vergangenen zehn Jahren haben sich die psychischen Erkrankungen bei Kindern und Jugendlichen fast verdoppelt. Ärzte attestieren immer mehr Kindern typische Managerkrankheiten. Viele von ihnen sind übergewichtig, sie leiden unter Haltungsschäden und klagen über Magenbeschwerden. Sie rennen nicht, sie toben nicht, sie bewegen sich nicht. Jedes fünfte Kind, sagt Kindheitsforscher Hurrelmann, sei nervös, schlafe schlecht und habe Kopfschmerzen. Ein Drittel der

Erstklässler leidet an Wahrnehmungs- und Verarbeitungs-störungen. Immer mehr Kinder schlucken Psychopharmaka. Vor allem Antidepressiva. »Der Wandel, der die Massen er-greift«, schreibt der amerikanische Psychoanalytiker Michael Ventura, »spielt sich auf einer tiefen, unbewussten Ebene der menschlichen Psyche ab und hat Ursachen, die weder persön-lich noch national sein können. Etwas, was alle (zumindest oberflächlich gesehen) für wesentlich halten, was so grund-legend ist wie die Familie, wird dennoch überall und von jedem zerstört, als handelten alle in unbewusstem Einverneh-men – und keiner weiß, warum.«

Erziehung wird zum Problem. Alte Gewissheiten sind dahin, neue noch nicht in Sicht. Die Sehnsucht ist groß nach einfachen Regeln, nach Ritualen, nach einem Korsett, das die aus den Fugen geratene Zeit bändigt. Die Beziehungen der Menschen sind durcheinandergewirbelt. Die Beziehungen zu uns selbst und zu den anderen. Wir igeln uns ein und ver-lieren die Fähigkeit, andere Menschen an uns heranzulassen. Das Miteinander wird rationalisiert. Wir haben uns das Leben so eingerichtet, dass jeder für sich zurechtkommen kann. Im-mer mehr Menschen flüchten in virtuelle Welten. Die autis-tische Gesellschaft braucht kein Gegenüber: Wer Kontakt sucht, schaltet den Computer an.

Die Hochleistungsgesellschaft hat sich der Kinder be-mächtigt. Wenn Eltern den Nachwuchs bereits im Kin-dergarten für den weltweiten Konkurrenzkampf abrichten, bleibt Kindheit kein geschützter Raum, zu dem er in den ver-gangenen 50 Jahren geworden war. Wer wissen will, welche

Ausmaße die Krise des Menschen angenommen hat, sollte unseren Umgang mit Kindern beobachten. Auf den Anfang kommt es an.

Die Geschichte der Kindheit

Vom Einzeller zum denkenden Wesen

Wir werden immer größer, jeden Tag ein Stück. So heißt es in einem Kinderlied. Wir wurden immer größer, das ist ein Glück: In der Schwangerschaft wiederholt sich die Stammesgeschichte des Lebens. Ein Baby durchlebt in durchschnittlich 38 Wochen vier Milliarden Jahre Evolution. So, als wollten wir uns noch einmal vergewissern, wie alles angefangen hat. Unsere Erfolgsgeschichte vom Einzeller zum denkenden Wesen.

»Die Ontogenese«, sagte bereits Charles Darwin, »rekapituliert die Phylogenese.« Die höheren Organismen schauen, wenn man so will, im Laufe ihrer Entwicklung bei ihren Verwandten vorbei, verharren für einen Moment im gleichen Stadium und wachsen dann weiter. Im Alter von vier Wochen unterscheidet sich ein menschlicher Embryo kaum von dem eines Vogels: Es wächst ihm sogar ein rudimentärer Schwanz. Nach sechs Wochen ähnelt er immer noch dem Embryo anderer Säugetiere und nach sieben Wochen dem von Affen.

Wir Menschen haben kurze Zeit auch Kiemen wie ein Fisch. Es gibt noch keine Beweise für die These, dass wir in und am Wasser zum Menschen geworden sind, aber das

Fruchtwasser enthält die gleichen Mineralien wie das Meer. Sigmund Freud hat das schwerelose Schweben im Bauch der Mutter als »ozeanisches Gefühl« bezeichnet. Neugeborene können schwimmen: Lässt man sie mit dem Kopf voran sanft ins Wasser gleiten, tauchen sie ab. Sie paddeln wie kleine Hunde und finden den Weg nach oben, um Atem zu holen. Entwicklungspsychologen fasziniert dieses Schauspiel immer wieder, bei dem sich der Mensch erstmals selbstständig in Bewegung setzt, lange bevor er laufen lernt. Babys bringen diese Bewegung mit der Erfahrung in Verbindung, ihren Körper im engen Geburtskanal in eine Richtung gedreht und herausgedrückt zu haben. Kaiserschnitt-Kindern fehlt sie, weil sie ohne eigene Anstrengung auf die Welt kommen und der Arzt sie aus dem Mutterbauch holt. Sie paddeln zwar, sinken dann aber selig zu Boden. Die Bewegungsabläufe eines Babys sind zu Beginn besser zum Schwimmen als zum Krabbeln geeignet. Nach dem fünften Monat allerdings ist diese Phase vorbei.

»In unserer Vergangenheit waren wir als Fische aktive Räuber in den Ozeanen und Wasserläufen der Vorzeit«, schreibt der amerikanische Paläontologe Neil Shubin in seinem faszinierendem Buch »Der Fisch in uns«. »In unserer jüngeren Geschichte, als Amphibien, Reptilien und Säugetiere, stellten wir aktiv allen möglichen Lebewesen nach, von Reptilien bis zu Insekten. Noch später, als Primaten, waren wir aktive Baumbewohner, die sich von Früchten und Blättern ernährten. Die Frühmenschen waren als Jäger und Sammler aktiv, später wurden sie zu Bauern. Haben Sie eine Gemeinsamkeit bemerkt? Der gemeinsame rote Faden liegt in dem Wort ›aktiv‹.«

Die genetische Ausstattung des Menschen hat sich in den vergangenen 40 000 Jahren nur unwesentlich verändert. »Ein Baby von Steinzeiteltern würde so werden wie wir, wenn es von Geburt an in unserer Gesellschaft aufgezogen würde«, sagt der Frankfurter Neurologe Wolf Singer, einer der führenden Hirnforscher Deutschlands und Direktor der Abteilung für Neurophysiologie am Max Planck-Institut für Hirnforschung. Es würde nach einem Gameboy verlangen, Fernsehen gucken und vielleicht ein Manager werden. »Umgekehrt«, sagt Singer, »würden unsere Kinder, wären sie den Damaligen anvertraut, so werden wie deren Kinder. Aber gewiss ist, dass die Kinder von damals sich drastisch von unseren unterschieden haben müssen, vor allem im Hinblick auf höhere mentale Fähigkeiten und kognitive Leistungen wie Sprach- oder Abstraktionsvermögen.«

Das werdende Kind ist damals wie heute zur Vollendung seiner vorgeburtlichen Entwicklung auf Geräusche und Bewegung angewiesen. Es registriert vor allem Laute, die auch heute nicht anders sind als zu Zeiten der Jäger und Sammler: den Herzschlag der Mutter, das Gurgeln ihres Magens, ihr Lachen, ihr Husten, den Singsang ihrer Worte. Das Geräusch der Herzklappen ist der erste Laut, den wir Menschen wahrnehmen. Unsere Ohren sind geöffnet, noch ehe wir geboren werden. Schon wenige Tage nach der Befruchtung, wenn der Embryo nicht einmal einen Millimeter groß ist, beginnt das Ohr zu wachsen. 24 Wochen später ist es ausgebildet.

Wir sind über die Nabelschnur mit einem anderen Menschen verbunden. Alles ist eins und eins ist alles. Wir wissen nicht, was wir wollen, aber bekommen alles, was wir brauchen. Diese Erfahrung nehmen wir mit in die Welt. Kleine Kinder kritzeln am liebsten Knäuel und zeichnen Spiralen. Später malen sie Kreise: Unbewusst verleihen sie ihrem Wissen Ausdruck, dass alles mit allem zusammenhängt. Die Sehnsucht nach diesem Gefühl wird uns nie verlassen; darin findet das Wort »erinnern« seinen Ursprung. Es entstammt dem althochdeutschen »innaro« und bedeutet so viel wie »machen, dass jemand etwas inne wird«.

Erst der Kopf und dann die Beine

Die Durchtrennung der Nabelschnur bedeutet die Vertreibung aus dem Paradies: Wir kommen mit dem Kopf voran auf die Welt und müssen lernen, auf eigenen Füßen zu stehen. Auch nach der Geburt wiederholt sich die Geschichte der Menschwerdung. Babys strecken reflexartig die Arme aus und spreizen die Hände, wenn sie zu fallen drohen: Es ist die gleiche Bewegung, mit der sich kleine Äffchen an ihre Mutter krallen. Einige Monate lang funktioniert auch noch der Reflex, sich an einem Finger festhalten zu wollen, wie es Affenbabys tun. Mit vier Monaten bringt sich ein Baby zum ersten Mal aus der Balance. Es lernt, seinen Körper zu drehen. Versucht, durch Rollen oder Kriechen voranzukommen, manchmal sogar rückwärts. Begreift zu greifen, was in der Nähe liegt. Wenn es ihm dann mit etwa fünf Monaten gelingt, auf dem Bauch liegend den Kopf zu halten, um Bälle oder Rasseln näher zu betrachten, folgt das nächste Wagnis: über eine Drehung das Sitzen entdecken. Die Muskulatur hält das Baby aufrecht; immer wieder fällt es hin, immer wieder richtet es sich auf. Das Kunststück gelingt mit der Zeit. Wir lernen früh, dass Leistung sich lohnt.

Und wollen immer mehr. Wenn wir an Grenzen stoßen, möchten wir sie überwinden. Das liegt in unserer Natur. Genug genügt nicht, das geht immer so weiter, von Kindesbeinen an. Ab dem neunten Monat ziehen sich Babys an Tischen oder Stühlen hoch. Es ist eine mühselige Prozedur, anstrengend und fordernd. Mediziner vergleichen diese Mühe mit dem Training von Spitzensportlern. Es erfordert enorme Ausdauer und ungeheure Disziplin, jetzt seitwärts erste Schritte zu wagen und wieder und wieder zu straucheln. Jedem Erfolg folgt die Enttäuschung auf dem Fuß. Es ist zum Heulen. Zum Verzweifeln: und immer wieder aufstehen, und immer wieder sagen, es geht doch.

Ohne den Zuspruch und die Ermutigung der Eltern läuft wenig. Sie müssen ihrem Kind das Gefühl geben, sein Ziel erreichen zu können. Es in Sicherheit wiegen. Zur Stelle sein. Halt geben. Derart beschützt, lernt ein Kind, Frustrationen zu ertragen und Widerstände zu überwinden. Und erlebt mit zehn, elf, zwölf Monaten oder später sein erstes großes Wunder: Es kann stehen, es kann gehen, es richtet sich auf wie seine Onkel und Tanten vor langer Zeit. Wie unsere Vorfahren irgendwann einmal das Leben auf zwei Beinen wagten, so gelingt auch jedem Kind eines Tages eine Welt-Ur-Aufführung. Wir entschließen uns nicht, laufen zu lernen: Wir entdecken diese Fähigkeit eher zufällig, weil wir uns immer weiter vorwagen, uns immer mehr zutrauen. Wie die Menschen sich aus Afrika aufmachten, erweitert das Kind nun Schritt für Schritt seinen Horizont.

Göttliche Kinder und die Macht der Gewöhnung

In den Schöpfungsgeschichten der Menschheit sind es Kinder, die den Völkern den Weg in eine glückliche Zukunft weisen. Die jungen Helden hießen Moses, Krishna, Zeus oder Herakles. Sie haben alle Zeiten überlebt und sind als göttliche auch ewige Kinder. Das bekannteste Königskind kam in einem Stall zur Welt. Seine Mission war, die Erwachsenen daran zu erinnern, unter welchen Umständen sie mal klein angefangen hatten. Jesus rief den Großen zu: »Wenn Ihr nicht werdet wie die Kinder, werdet Ihr das Himmelreich nicht empfangen.« Die Botschaft war: Kehrt zurück zu den tiefen Empfindungen. Sucht das ausgelassene, fröhliche und liebevolle Kind in euch.

Kinder haben einen sicheren Instinkt dafür, was ihnen guttut. Sie sagen, was sie denken, und handeln, wie sie sich fühlen. Sie wissen, wo es hingehen soll, und suchen nach Bestätigung und Förderung durch ihre Eltern und andere Erwachsene. Sie können Freiheit noch aushalten. »Natürlich bedarf das Kind gerade wegen seiner Empfänglichkeit und geringen Fähigkeit zur Abgrenzung des besonderen Schutzes durch die Erwachsenen«, schreibt der Schweizer Psychoanalytiker Peter Schellenbaum in seinem Buch »Die Spur des verborgenen Kindes«. »Doch darf diese größere Schutzbedürftigkeit nicht mit Mangel an innerer Zielorientierung verwechselt werden. Es ist leicht zu durchschauen, dass die vermeintliche innere Führungslosigkeit des Kindes eine Schutzbehauptung von Erwachsenen ist, um sich nicht der revolutionären Wahrhaftigkeit des Kindes aussetzen zu müssen, ebenso wie die repressive Erziehungswut von Erwachsenen oder ihre Tendenz, sich dem Bedürfnis der Kinder nach einem klaren, emotional präsenten Gegenüber zu entziehen. Uneinfühlsame Erziehung und narzisstischer Selbstbetrug sind zwei Formen, mit denen der Erwachsene das Kind – sein äußeres und inneres – gefährdet, verfolgt, verstößt. Die Folge davon ist eine Gesellschaft, die nur den mach- und kaufbaren Dingen huldigt und emotional ein freudloses Schattendasein führt. Das Kind wartet vor der Schwelle, an der es verraten wurde.«

Wenn Kinder so sind, wie sie sind, staunen die Großen. Sie sagen dann: »Oh, die Kleine hat aber ihren eigenen Kopf.« Das ist der pure Neid: Viele Psychologen ordnen die Probleme in unserer Gesellschaft dem Umstand zu, dass wir Menschen uns mit der Zeit fremd werden. Nicht mehr eigensinnig sind. Uns selbst bewusst. Vertrauen und Phantasie verlernen. Die Aufteilung unseres Gehirns symbolisiert Entwicklung: Das Fühlen und Erleben ist in der rechten Gehirnhälfte angesiedelt, das Denken und Tun in der linken. Kinder erleben, Erwachsene analysieren. Erwachsene haben, Kinder sind.

Der englische Hautarzt und Professor Sam Shuster hat einmal in einem ambitionierten Experiment erforscht, wie sich Offenheit und Neugier mit zunehmendem Alter in Desinteresse und sogar Aggression verwandeln. Er fuhr mit seinem Einrad jeden Tag durch seinen Heimatort und registrierte penibel die Reaktionen der Passanten. Dabei trug er immer ähnliche Kleidung und versuchte, auch seinen Gesichtsausdruck nie zu ändern. Je jünger die Fußgänger waren, umso interessierter und mitfühlender reagierten sie auf ihn. Die Kinder fragten ihre Eltern: »Was ist nur mit seinem Lenker passiert?« Oder: »Mama, sein Rad ist kaputt, er hat nur noch eins.« Grundschüler wollten auch ein solches Rad fahren und den Doktor nachahmen. Sie fragten, ob seine Kunst schwer zu lernen sei, wo man ein Einrad kaufen könne und wie viel es koste. Jugendliche in der Pubertät waren in ihren Kommentaren aggressiver: »Sollen wir dich platt machen?« Erwachsene reagierten ironisch, und Rentner zeigten oft gar kein Interesse.

Je älter wir werden, umso weniger hören wir zu. Wir wollen nicht mehr horchen und nicht mehr gehorchen. Und schalten auf Durchzug. »Du hörst mir überhaupt nicht zu«, ist zum Standardsatz unserer Beziehungen geworden.

Genau das will ich meinem Sohn ersparen. Ich möchte ihm beibringen, auf sich und andere zu achten. Er lernt das nur in der Auseinandersetzung mit anderen Menschen. Nicht bei Maschinen. Oder vor dem Fernseher. Das Sammeln vorgefertigter Produkte soll nicht seine Lieblingsbeschäftigung werden. Ich will, dass er die Welt begreift und nicht Amerika angreift. Einer seiner Klassenkameraden senkt sich nach der Schule im Tiefflug auf New York und spielt 9/11. Er fliegt unter Brücken und muss aufpassen, nicht selbst abgeschossen zu werden. Er findet das lustig.

Niemand wird mit der Fähigkeit geboren, seine Gefühle zu unterdrücken und ein anderer zu sein, als er ist. Zu täuschen und zu tricksen. Das muss, so traurig es klingt, erst im Laufe des Lebens gelernt werden. Verhaltensforscher bezeichnen deshalb die Domestizierung der Gefühle ironisch als »Verhausschweinung des Menschen«. Irgendwann werden dann aus den großen Kleinen kleine Große, die in jede Schublade passen.

Quälen und dienen

Dass sich die Menschen selbst erniedrigen, hat leider Tradition. »Die Geschichte der Kindheit«, sagt der amerikanische Psychologe und Historiker Lloyd de Mause, »ist ein Albtraum, aus dem wir gerade erst erwachen. Je weiter wir in der Geschichte zurückgehen, desto unzureichender wird die Pflege der Kinder, die Fürsorge für sie, und desto größer die Wahrscheinlichkeit, dass Kinder getötet, ausgesetzt, geschlagen, gequält und sexuell misshandelt wurden.«

Wie im Griechischen bedeutete auch das aramäische Wort für Kind sowohl »Diener« als auch »Sklave«. Das römische Recht kannte allein »patria potestas«, die väterliche

Macht. Kinder hatten zu gehorchen und sich zu unterwerfen. Römische Jungen und Mädchen mussten ihre Eltern beim Essen bedienen und ihren Vater mit »Herr« ansprechen. Der »Pater familias« beherrschte Kinder und Frauen, er bestimmte über Leben, Freiheit und Vermögen. Der Vater blieb sein Leben lang Besitzer seiner Kinder, auch wenn sie längst erwachsen waren. Er entschied auch, welche Kinder unerwünscht waren. Das waren meist die Zeugen gelegentlicher Liebschaften oder amouröser Affären mit Mägden oder Prostituierten. Sie ereilte, wenn nicht der Tod, oft ein noch grausameres Los. Der griechische Schriftsteller Plutarch berichtete im ersten Jahrhundert nach Christus von römischen Knaben mit einer goldenen Kugel um den Hals. So könne ein jeder sehen, diese seien »nicht zum sexuellen Gebrauch geeignet«. In Athen mieteten Männer Knaben. In Jerusalem galt Beischlaf mit Kindern unter neun Jahren als Kavaliersdelikt.

Aristoteles betrachtete die Kindheit als niedrigste Stufe im Leben. Als eine Zeit der Unvollkommenheit und Unwissenheit, die keine edlen Taten hervorbringe.

Die Bürger von Sparta badeten Neugeborene in Wein: Starke Babys, dachten sie, würden dadurch an Kraft gewinnen, schwache ohnmächtig werden und also lebensunfähig sein. Sie warfen behinderte Kinder in tiefe Löcher. Ihre Söhne wurden geboren, um Schlachten zu schlagen. Spartaner kamen auf die Welt, siegen zu lernen. Unverheiratet und kinderlos zu sein, galt als Schande. Junggesellen wurden vorgeführt: Sie mussten unbekleidet um den Markplatz ziehen. Wer vier Söhne liefern konnte, zahlte keine Kriegssteuer.

Bis ins hohe Mittelalter beherrschten Kriege die Unordnung Europas. Die Erziehung der Söhne beschränkte sich darauf, sie waffentauglich zu machen. Die Erziehung der Mädchen, dafür die Infrastruktur zu liefern. Kochen zu lernen, flicken zu lernen, neue Krieger in die Welt zu setzen. Vasallen sandten die Jungen zu ihren Lehnsherren, bei denen sie reiten, schwimmen und laufen lernten. Die Jagd und den Umgang mit Äxten und Lanzen, Pfeil und Bogen. Mit 14 Jahren wurden die Kinder zum Ritter geschlagen und durften ein eigenes Schwert hinterm Schilde führen. Damit endete die »zweite Kindheit«; heute gehen Kinder in diesem Alter zur Jugendweihe oder zur Konfirmation. Damals wurden sie nur unter einem Gesichtspunkt beäugt: ob sie zu etwas wert sind.

»Glücklich, wer kein Kind hat«, schrieb der französische Lyriker Eustache Deschamps im 14. Jahrhundert. »Denn kleine Kinder sind nur Geschrei und Gestank, Mühe und Sorge. Sie müssen gekleidet, beschuht, gefüttert werden; immer sind sie in Gefahr, zu fallen oder sich zu verletzen. Sie werden krank und sterben, oder werden groß und schlecht; sie kommen ins Gefängnis. Nichts als Mühe und Verdruss, kein Glück vergilt die Sorgen, Anstrengungen und Kosten der Erziehung. Kein größeres Unglück, als missgestaltete Kinder zu haben.«

Ein deutscher Rom-Reisender beobachtete, wie Kinder »in den Tiber geworfen, heimlich begraben und in die Kloaken versenkt wurden. Und ich könnte fast sagen, dass zu Rom wohl so viele unschuldige Kinder von ihren Vätern und Müttern ertränkt, ermordet und umgebracht worden sind als Herodes, der Tyrann von Bethlehem, hat erwürgen und umbringen lassen.« Ein Priester berichtete von Latrinen, die »von den Schreien der Kinder widerhallten«. Mütter brachten ungewollte Kinder zu »Engelmacherinnen«, als Hebammen getarnte Mörderinnen, die Kindern Gips in die Milch mischten und so umbrachten. Bis ins 19. Jahrhundert wurde Eltern das Recht zugestanden, ihnen nicht genehme Kinder zu töten. Besonders grausam war es in Russland. Hier überlebte nur jedes zweite Kind das dritte Lebensjahr. Mütter wickelten ihre Babys nach dem ersten Bad sechs bis zwölf Monate lang in straff geschnürte Tücher und hingen sie wie Päckchen an die Wand. Striemen, Quetschungen und Geschwüre waren die Folge. Ein »Erziehungsratgeber« aus der Zeit Iwan des Schrecklichen empfahl: »Man soll die Kinder belehren und strafen, und ihnen mit vernünftiger Begründung auch Wunden zufügen. Züchtige deinen Sohn von seiner Kindheit an, und er wird der Trost deines Alters sein. Wenn du ihn mit einem Stock züchtigst, wird er nicht sterben, sondern gesund sein. Indem du seinen Körper schlägst, erlösest du seine Seele vom Tode.«

Eltern fürchteten, dass sich mit der Geburt der Teufel des Kindes bemächtigte. Das neugeborene Kind sei besetzt mit den »Makeln und Befleckungen der Sünde, die es durch unsere Lenden von unseren ersten Eltern erbt«, wie es ein alter Kirchentext beschreibt. Säuglinge, »voll von Sünde und fern von Gott«, wurden mit heißem Wachs beträufelt, mit Salz und Urin eingerieben oder auf Schnee gerollt; in dampfenden Bädern verbrühte ihre Haut. Sie sollten sich die Seele aus dem Leib schreien, dass der Teufel entweiche. Viele Säuglinge ertranken im eisigen Taufbecken.

Lesen lernen und Mensch werden

Die Kindheit im Mittelalter war ohne Gnade. Kinder wurden wie Erwachsene bei Diebstahl mit dem Tod bestraft, aufs Schafott geführt, am Galgen erhängt. Sie waren den Launen ihrer Erzieher ausgeliefert und wurden vorgeführt: In Adelskreisen galt als drollig, wenn Kindern Besuchern ihren »Piephahn« zeigten oder die Röcke hoben. Männer steckten ihre Hände unter Kinderkleider und spielten mit dem Geschlecht. Aber mit der Zeit wuchs die Empörung. Martin Luther schrieb in einem Brief an die Ratsherren aller deutschen Städte: »Wie soll denn nun Vernunft und christliche Liebe es dulden, dass Kinder ungezogen aufwachsen und für die anderen Kinder Gift und Geschmeiß sind, wodurch zuletzt die ganze Stadt zugrunde geht, wie es denn Sodom, Gomorrha, Gibea und etlichen anderen Städten ergangen ist?«

Wie Martin Luther profitierten auch die Kinder von einer Erfindung, die der Weltgeschichte einen anderen Lauf gab. 1450 verkündete der Mainzer Druckermeister Johannes Gutenberg, er könne mit beweglichen Lettern Bücher herstellen. »Ohne die Hilfe von Rohr, Stylus oder Feder, sondern nur durch wunderbaren Einklang, Proportion und Harmonie von Stempeln und Typen.« Diese Entdeckung brachte nicht nur die Reformation voran, sie verlängerte auch die Kindheit.

Vor Gutenbergs Erfindung galten Kinder als erwachsen, wenn sie richtig sprechen konnten und im »Alter der Vernunft« den Unterschied zwischen Gut und Böse kannten. »Die erste Altersstufe ist die Kindheit, die Zähne einpflanzt«, heißt es im französischen Band »Le Grand Propriétaire de toutes choses«, einem damals populären Nachschlagewerk. »Und es beginnt diese Altersstufe, wenn das Kind geboren ist, und dauert bis zu sieben Jahren, und in diesem Alter wird das, was geboren ist, das Kind genannt, was so viel besagt wie: nicht sprechend, weil es doch in diesem Alter nicht recht sprechen und auch die Worte noch nicht ordentlich bilden kann, denn es hat noch keine wohlgeordneten und gefestigten Zähne.«

Nachdem Martin Luther auf der Wartburg die Bibel ins Deutsche übersetzt hatte und Bücher nicht mehr mühselig abgeschrieben werden mussten, sondern gedruckt werden konnten, war das Studium der Literatur nicht mehr länger das Privileg der Mönche und einiger Gebildeter. Alle Menschen sollten Gottes Wörter nachvollziehen können. Erwachsen war nun, wer lesen und schreiben gelernt hatte. »Kinder sind die Allergelehrtesten«, schrieb Martin Luther, »die vertrauen auf ihren Vater und sagen auch von Gott fein einfältiglich, dass er ihr Vater sei.« Denn: »Womit hast du's verdient, dass ich dich so lieb habe? Und womit hast du's verdient, dass du alle meine Güter erben sollst?«

Die ersten öffentlichen Schulen entstanden, »Schuljunge« wurde zu einem anderen Wort für Kind. Aber weder im Deutschen noch im Französischen oder Englischen gab es weiterhin eine Bezeichnung für den Lebensabschnitt zwischen sieben und sechzehn Jahren: »Jugend« ist eine Erfindung der neueren Zeit.

Eine Utopie für Kinder

Der böhmische Priester Jan Amos Komenský, später als Comenius bekannt, wurde zum ersten fortschrittlichen Erzieher der Neuzeit. Er wollte dem Menschen »alle Dinge der Welt in grundlegender Weise« beibringen. Er sagte: »Omnia sponte fluant, absit violentia rebus«, alles soll aus eigenem Antrieb fließen, Gewalt sei fern von den Dingen. Comenius (1592–1670) schrieb das erste Sachbuch für Kinder: Sein »Orbis sensualium pictus« gilt als Mutter des Bilderbuchs. Der Pädagoge setzte Beispiel und Vorbild vor die Worte, er predigte Lernen durch Tun und Anschauen vor sprachlicher Vermittlung. Bildung und Respekt waren für ihn die einzigen Kräfte gegen die Verrohung der Welt nach dem Dreißigjährigen Krieg.

1762 schreckte der Lebemann Jean-Jacques Rousseau die Herrschenden mit einer pädagogischen Utopie. In »Emile oder Über die Erziehung« forderte er die Befreiung »des Kindes«. Von Zwang und Drill, prügelnden Pädagogen und achtlosen Eltern. »Erinnert euch, dass man selber erzogen sein muss, ehe man einen Menschen zu erziehen wagt. (…) Ihr müsst eure Zeit, Mühe, Liebe euch selbst geben. Was ihr auch tut, man fühlt immer, dass ihr und euer Geld verschiedene Dinge sind (…). Dient ihnen, und sie werden euch dienen! Seid ihr Bruder, und sie werden eure Kinder sein!«

Das war des Guten zu viel: Rousseaus Roman, von Johann Wolfgang Goethe als »Naturevangelium« verehrt, wurde öffentlich verbrannt. Der Schriftsteller musste aus Frankreich in eine preußische Enklave fliehen. Er hatte auch die eitlen Damen der höfischen Gesellschaft beleidigt, weil sie das Stillen der Kinder ihren Ammen überließen, und mit seinem Plädoyer für eine »natürliche Religion« Papst und Bischöfe gegen sich aufgebracht. Wie so vielen Moralisten und Weltverbesserern vor und nach ihm gelang es Rousseau nicht, selbst zu leben, was er anderen predigte: Seine Kinder wuchsen im Heim auf. Angeblich weil sie ihn beim Schreiben störten.

Seine Ideen aber waren in der Welt. 1773 entstand in Polen das erste Kultusministerium des Abendlandes, »Ethik« und »Moral« wurden Schulfächer. Im Zeitalter der Aufklärung dehnten Dichter und Denker die Ideen von der Verbrüderung aller Menschen auf die Kindheit aus. Der deutsche Dramatiker Friedrich Schiller schrieb: »Sie sind, was wir waren, sie sind, was wir wieder werden sollen (…). In dem Kinde ist die Anlage und Bestimmung, in uns ist die Erfüllung dargestellt, welche immer unendlich weit hinter jener zurückbleibt. Das Kind ist uns daher eine Vergegenwärtigung des Ideals, nicht zwar des erfüllten, aber des aufgegebenen, und es ist also keineswegs die Vorstellung seiner Bedürftigkeit und Schranken, es ist ganz im Gegenteil die Vorstellung seiner reinen und freien Kraft, seiner Integrität, seiner Unendlichkeit, was uns rührt.«

Langsam setzte sich ein neues Wort durch: Familie. Vor dem 18. Jahrhundert war zwischen Abstammung, Haushalt, Fortpflanzung und Verwandtschaft unterschieden worden. Zwischen Geschlecht, Haus, Weib, Kind und Sippe. Nach den Wirren der Reformation schwand auch der Einfluss der Mönche und Beichtbrüder. Die offiziell kinderlosen Gottesmänner hatten sich in ihren Schulen und Klöstern als »Nebenväter« sehr wohl gefühlt. Sie betrachteten sich als Nachlassverwalter des göttlichen Bundes mit Abraham. Und sorgten mit dem von der Kanzel verkündeten Ideal der Kinderlosigkeit dafür, dass die Macht der Kirche über die Jahrhunderte nicht durch Erbstreitigkeiten geschmälert wurde.

Kinderarbeit und Industrialisierung

1840 gründete der gelernte Förster Friedrich Fröbel im thüringischen Bad Blankenburg den ersten Kindergarten. Die Kindheit erinnerte ihn an das Paradies – er wollte es den Kindern zurückgeben. Schließlich seien die Menschen aus dem Garten Eden vertrieben worden. Friedrich Fröbel schrieb in seinem Buch über »Menschenerziehung«: »In Allem ruht, wirkt und herrscht ein ewiges Gesetz. (…) Diesem allwaltenden Gesetze liegt notwendig eine allwirkende, sich selbst klare, lebendige, sich selbst wissende, darum ewig seiende Einheit zum Grunde.« Er war Schüler des Sozialreformers Johann Heinrich Pestalozzi. Der Schweizer ermunterte die Erwachsenen dazu, das Spielen der Kinder zu »pflegen« und zu »nähren«. Denn dies sei weder »Spielerei« noch »Müßiggang«. Er schrieb: »Das Spiel ist die höchste Stufe der Kindesentwicklung, der Menschenentwicklung dieser Zeit; denn es ist die freitätige Darstellung des Inneren, die Darstellung des Inneren aus Notwendigkeit und Bedürfnis des Inneren selbst, was auch das Wort Spiel sagt. Die Spiele dieses Alters sind die Herzblätter des ganzen künftigen Lebens; denn der ganze Mensch entwickelt sich und zeigt sich in denselben in seinen feinsten Anlagen, in seinem inneren Sinn (…) Wird das Kind in diesem Alter verletzt, werden in demselben die Herzblätter seines künftigen Lebensbaumes verletzt – dann wird das Kind nur mit der größten Mühe und höchsten Anstrengung zum Mannesleben erstarken, schwer, höchst schwer nur sich auf dem Entwicklungs- und Ausbildungswege dahin vor Verkrüppelung, mindest vor Einseitigkeit sichern.«

Fröbel trotzte dem Zeitgeist. Mit der Industrialisierung hatte sich das protestantische Arbeitsethos der beiden Reformatoren Zwingli und Calvin der Menschen bemächtigt: Arbeit »bewahre vor Müßiggang und der Vergeudung von Zeit durch Spiel und Nichtstun«. Benjamin Franklin, der Erfinder des Blitzableiters, brauchte 1748 drei Worte, um die neuen Verhältnisse zu beschreiben: Zeit ist Geld.

Uhren übernahmen das Kommando. Von nun an wurde jede Bewegung einer Dauer zugeordnet. Als das Sonnenlicht noch den Lauf der Dinge bestimmt hatte, durfte nach der Dämmerung nicht mehr gearbeitet und kein Brot gebacken werden; wer es trotzdem tat, war des Teufels. Menschen, die bis dahin nach dem Rhythmus der Natur gelebt hatten, mit den Hühnern aufstanden und sich mit ihnen schlafen legten, mussten lernen, sich dem Takt von Maschinen zu fügen. Und vom Land in die Stadt ziehen.

Das Leben war nichts als Arbeit. Der mittelalterliche Bauer hatte noch gut und gerne Feste gefeiert, um die mühsame Plackerei auf den Feldern zu vergessen; die katholische Kirche kannte über 150 Feiertage. Nun hieß es flurbereinigt: »Man darf überall nie müßiggehen, sondern soll beständig thätig sein.« Das Tun, nicht das Lassen bestimmte das Leben. Die Arbeit verdrängte Rituale und Festlichkeiten und veränderte die Beziehungen zu Zeit und Raum. Dorfgemeinschaften zerfielen, Isolation und Vereinzelung nahmen zu. Prinzipien und Werte fügten sich dem Streben nach Gewinn. Historiker sind sicher, dass die Anforderungen der Industrialisierung die Menschen geradezu erschütterten. Depressionen nahmen zu, die Selbstmordraten stiegen.

Kinder wurden zu Arbeitstieren. Sie knechteten in Bergwerken und Baumwollfabriken. Fünfjährige kehrten Kamine. Man ließ sie in enge Schornsteine und zündete unten Stroh an, damit sie schnell wieder hochkamen. Händler zogen durch die Städte und kauften Kinder. Sie brachen ihnen in »Krüppelfabriken« die Beine und machten sie zu Bettlern. Eltern schickten ihre Kinder zum Arbeiten weit weg und schalteten Zeitungsanzeigen: »Weihnachtsfreude! Mädchen, vier Jahre alt, wird gegen angemessene Entschädigung an Kindes Statt abgegeben. Offerten unter Weihnachtsfreude, Augsburg, Postlagernd.«

August Bebel, Gründervater der Sozialdemokratischen Partei, schreibt in seinen Erinnerungen, wie hart er mit 13 Jahren in der Drechslerlehre herangenommen wurde: »Meister und Meisterin waren sehr ordentliche und angesehene Leute. Ich hatte ganze Verpflegung im Hause, das Essen war auch gut, nur nicht allzu reichlich. Meine Lehre war eine strenge und die Arbeit lang. Morgens 5 Uhr begann dieselbe und währte bis abends 7 ohne Pause. Aus der Drehbank ging es zum Essen und vom Essen in die Bank. Sobald ich morgens aufgestanden war, musste ich der Meisterin viermal je zwei Eimer Wasser von dem fünf Minuten entfernten Brunnen holen, eine Arbeit, für die ich wöchentlich 4 Kreuzer gleich 14 Pfennige bekam. Das war das Taschengeld, das ich während der Lehrzeit besaß.«

Stock im Rücken, in Gottes Namen

Die neuen Verhältnisse forderten ihren Tribut. Nur noch Adligen, Handwerkern und Landwirten war es vergönnt, zu Hause zu arbeiten. Die Väter verschwanden aus dem Alltag ihrer Kinder. Mütter übernahmen Aufgaben, die vorher geteilt worden waren. »Die moderne Einzelfamilie ist gegründet auf die offene oder verhüllte Haussklaverei der Frau«, schrieben Karl Marx und Friedrich Engels. »Die bürgerlichen Redensarten über Familie und Erziehung, über das traute Verhältnis zwischen Eltern und Kindern werden umso ekelhafter, je mehr infolge der großen Industrie alle Familienbande für die Proletarier zerrissen und die Kinder in einfache Handelsartikel und Arbeitsinstrumente umgewandelt werden. Mit dem Übergang der Produktionsmittel in Gemeineigentum hört die Einzelfamilie auf, wirtschaftliche Einheit der Gesellschaft zu sein. Die Privathaushaltung verwandelt sich in eine gesellschaftliche Industrie. Die Pflege und Erziehung der Kinder wird öffentliche Angelegenheit.«

Schulmeister, Pfarrer und Philister mischten sich wieder mehr und mehr in die Erziehung ein. »Der Grund aller Tugend«, schrieb ein Lehrer, »liegt in der Fähigkeit, uns selbst die Befriedigung unserer Wünsche zu versagen.« Ein Kind solle sich frühzeitig an Kälte gewöhnen, nicht an Wärme. Der »schändlichen Seuche der Selbstbefriedigung« zum Beispiel könne durch »einfaches Essen, spärliche Kleidung, harte Betten und kaltes Wasser« begegnet werden. »Der Erzieher soll beständig um das Kind sein, nicht bloß alle Tage, auch nicht bloß alle Stunden, sondern unausgesetzt jeden Augenblick.« Pfarrer nahmen »verstockte Töchter hochgeborener und gottesfürchtiger Frauen« in ihre Obhut, um sie in »in Gottes Namen corrigiren« zu können: »Habe sie derowegen kürzlich verschnaufen lassen und dann in Arrest gebracht in die dunkle Speisekammer, allwo sie gewimmert und geklaget, dann aber still geworden ist.«

Der Leipziger Arzt Daniel Gottlob Moritz Schreber entwickelte Apparaturen, »schlaffe Kinderkörper zu voller, dauerhaft fester Lebensfähigkeit« zu bringen. Schulterriemen, Kinnbänder und Kopfhalter seien die rechten »Erinnerungsmittel« für eine straffe Kopfhaltung. Der Doktor empfahl das »Gehen mit durchgestecktem Stabe, damit die Schultern nicht so sehr nach vorne hängen«. Eine einzige drohende Gebärde sollte reichen, ein Kind zu »regieren« und in ihm »alles zu unterdrücken«. Schreber schrieb: »Unsere ganze Einwirkung auf die Willensbildung des Kindes erstreckt sich zur Zeit auf die Gewöhnung von unbedingtem Gehorsam. Es darf dem Kinde der Gedanke gar nicht aufkommen, dass sein Wille herrschen könne, vielmehr muss die Gewohnheit, seinen Willen dem Willen der Eltern oder Erzieher unterzuordnen, in ihm unwandelbar befestigt werden, was nur durch ausnahmslose Konsequenz möglich ist.« Das Kind müsse »fast durchgehend nur mit einem elterlichen Blick regiert« werden. Schrebers Sohn landete in der Psychiatrie. Seine Ideen aber sollten die Erziehung der nächsten Jahrzehnte bestimmen. Im Bürgerlichen Gesetzbuch von 1900 wurde der Vater als Haupt der Familie zum einzigen Entscheidungsträger bestellt; bei einer »Meinungsverschiedenheit geht die Meinung des Vaters vor«. Er dürfe auch »angemessene Zuchtmittel« anwenden. Dieses Recht war noch gültig, als 1949 das Grundgesetz der Bundesrepublik Deutschland in Kraft trat.

Daniel Gottlob Moritz Schreber war nicht nur Namensgeber der Kleingarten-Bewegung, er bereitete mit seinen barbarischen Ideen auch den Nationalsozialisten den Boden.

Kleine Freiheit, schnell erdrückt

Doch für eine kurze Zeit konnten Kinder noch einmal durchatmen. 1903 wurde die Kinderarbeit verboten, die goldenen 20er-Jahre des 20. Jahrhunderts schafften ein neues Bewusstsein für die Freiheit der Kinder. Jugendliche und junge Erwachsene propagierten wie die Romantiker das freie Leben in der Natur: »Wer hat euch Wandervögeln die Wissenschaft geschenkt, dass ihr auf Land und Meeren nie falsch die Flügel lenkt? Dass ihr die alte Palme im Süden wieder wählt. Dass ihr die alten Linden im Norden nicht verfehlt?« Der russische Schriftsteller Anton Semjonowitsch Makarenko gründete 1920 ein Arbeitsheim für straffällig gewordene Jugendliche; die spätere »Gorki-Kolonie« war der erste pädagogische Versuch, militärisch straff geführte Jugendstrafkolonien durch behutsame Pädagogenkunst zu ersetzen. Die schwedische Schriftstellerin Ellen Key rief »Das Jahrhundert des Kindes« aus und ernannte Jungen und Mädchen zu Rettern der Menschheit. Die Lehrerin stritt für die »Selbstverwirklichung des Kindes« und eine »Erziehung zur Freiheit«. Sie bezichtigte ihre Kollegen der »Seelenmorde«. Weil sie die »Kinder als einen unorganischen oder persönlichen Stoff behandeln, der in der Hand des Erziehers geformt oder ungeformt werden kann«. Der amerikanische Psychologe John B. Watson zum Beispiel wollte nachweisen, dass menschliches Verhalten von klein auf vorhersehbar sei und kontrolliert werden könne. Er meinte: »Gebt mir ein Dutzend gesunder, wohlgestalteter Kleinkinder, dazu meine eigene, besondere Welt, sie darin großzuziehen, und ich garantiere euch, dass ich jedes aufs Geratewohl nehmen und erziehen kann, ganz speziell das zu werden, was immer ich wählen mag: Arzt, Anwalt, Künstler, Ladenbesitzer, ja selbst Bettler und Dieb, ungeachtet seiner Talente, Vorlieben, Neigungen, Eignung und der Rasse seiner Vorfahren.«

Erziehung war ein großes Thema und beschäftigte die Gemüter. Der ehemalige Berufsoffizier Robert Baden Powell gründete in Großbritannien die Boy Scouts und damit die weltweite Pfadfinderbewegung: »Disziplin«, notierte er in seinem Werk »Scouting for boys«, »erreicht man nicht, indem man ein Kind für eine schlechte Angewohnheit bestraft, sondern indem man ihm stattdessen eine bessere Beschäftigung anbietet, die seine Aufmerksamkeit in Anspruch nimmt, und es so allmählich die alte vergessen lässt.« 1921 konstituierte sich im französischen Calais der bis heute existierende »Weltbund zur Erneuerung der Erziehung«. Der Schriftsteller Rainer Maria Rilke schrieb, dass »freie Kinder zu schaffen (…) die vornehmste Aufgabe dieses Jahrhunderts sein muss, denn ihr Sklaventum ist schwer und schrecklich; es beginnt, noch ehe sie geboren sind, und endet damit, dass sie schließlich Erwachsene und Eltern, das heißt wieder Unterdrücker von neuen Kindern werden«.

Hitler, das geprügelte Kind

So kam es: Adolf Hitler, das geprügelte, vom Vater gezüchtigte Kind, wollte nie wieder erleben, wie es sich anfühlt, schwach zu sein. Er predigte Härte. Die »schönste Jugend der Welt« wurde ihm zum »Material, eine neue Welt zu formen. Meine Pädagogik ist hart. Eine gewalttätige, herrische, unerschrockene, grausame Jugend will ich. Schmerzen muss sie ertragen. Es darf nichts Schwaches und Zärtliches an ihr sein. Hundert Jahre dieser Erziehungsarbeit durchhalten und das deutsche Volk ist der geschlossenste und kolossalste Machtblock, den es in Europa jemals gegeben hat.«

Alexander Sutherland Neill, Gründer der Summerhill-Reformschule, verglich die Erziehung der Nationalsozialisten mit dem Abrichten von Tieren. »Die Erziehung des kleinen Kindes«, sagte er, » ähnelt sehr der Dressur eines Hundes. Das geschlagene Kind wird wie das verprügelte Hundchen zu einem folgsamen, duckmäuserischen Wesen. Und wie wir einen Hund zu unseren eigenen Zwecken abrichten, so erziehen wir auch unsere Kinder. Die menschlichen Hunde müssen rein sein, sie dürfen nicht zu viel bellen, sie müssen der Pfeife gehorchen, sie müssen essen, wann es uns passt. Ich sah, wie 1935 hunderttausend folgsame, kriecherische Hunde auf dem Tempelhofer Feld in Berlin mit dem Schwanz wedelten, als der große Trainer Hitler seine Befehle pfiff.«

Die Befreiung des Kindes

Über zwanzig Jahre zogen ins Land, bis sich das große Erschrecken entlud. Die Kinder der Täter gingen 1968 auf die Straße. Sie wollten wissen, wie es möglich war. Und spuckten ihren Lehrern ins Gesicht. Jede Erziehung galt ihnen als Anmaßung, den freien Willen des Menschen zu unterdrücken. Unter den Talaren der Muff von tausend Jahren: Der Nationalsozialismus war ausgebombt, die schwarze Pädagogik hatte überlebt. Böse Kinder wurden in Keller gesperrt, aufmüpfige Schüler von Lehrern geschlagen. Kindergartenkinder an Stühle gefesselt. Wer nicht »hörte«, musste »fühlen«.

Die zornigen Enkel versetzten die Republik in Angst und Schrecken. Die Ordnung geriet ins Wanken, die Republik rief den Notstand aus. Alles, was richtig schien, war plötzlich falsch, jeder Antwort folgten neue Fragen. Der großen Dressur folgte die große Freiheit. Kein Kind sollte mehr zu Boden gedrückt, geschlagen und gedemütigt werden: Der neue Mensch, das war die Hoffnung, sollte die Welt retten.

In »Kinderläden« gab es weder Geheimnisse noch Tabus, Ausnahmen bestimmten die Regeln. Hatten die Kinder bisher Erziehung stumm über sich ergehen lassen müssen, wurde nun alles besprochen. Von jeder Seite betrachtet. Probieren ging über Studieren. Junge Eltern übten Nicht-Erziehung. Wenn sie nicht träumend im Gras lagen, schrieben sie mit: Wie das so ist mit Kindern, die ohne Autoritäten auskommen müssen. Am besten sind die Schriftstücke aus der Berliner »Kommune 2« erhalten. In einer Siebeneinhalb-Zimmerwohnung probierten sich sieben Erwachsene an zwei Kindern aus: »Wir haben versucht, auf die Lebensäußerungen der Kinder nicht dauernd mit Verboten und Aggressionen zu reagieren, auch wenn sie unseren eigenen bisherigen Vorstellungen von Sauberkeit und Ordnung nicht entsprachen. Dabei erlagen wir in der ersten Zeit häufig der Gefahr, die Abwehr der Kinder gegen eine bestimmte Forderung von uns manipulativ zu überwinden. Diese hinterhältige Art der Unterdrückung ist häufig bei liberalen Eltern anzutreffen, die sich scheuen, offen Verbote auszusprechen oder physischen Zwang auszuüben. Sie verschleiert dem Kind den objektiv vorhandenen Konflikt zwischen seinen Wünschen und den Forderungen an die Eltern. Die aggressive Energie kann sich nicht mehr unverdrängt gegen die Quelle der Unterdrückung richten, sondern muss sich andere Auswege suchen. Das Kind wird bei einer solchen Erziehung dahin tendieren, entweder ziellos aggressiv zu sein oder die Aggression masochistisch gegen sich selbst zu richten, wie es sich im ständigen Nörgeln und Quengeln mancher Kinder äußert. Durch unsere gemeinsamen Gespräche sind wir den Tendenzen, die kindlichen Bedürfnisse manipulativ zu überspielen, bald auf die Spur gekommen. Wo es uns unumgänglich erschien, haben wir dann lieber klare Verbote ausgesprochen (und versucht, sie zu begründen), als die Kinder mit Tricks davon abzuhalten, bestimmte Dinge zu tun: den Plattenspieler zu bedienen, im Arbeitszimmer zu spielen.«

Immerhin wurde nicht nur über sondern mit Kindern gesprochen. Es ging voran: Im Jahr der Revolte billigte das Bundesverfassungsgericht Kindern zum ersten Mal eigene

Grundrechte zu. Ein Kind habe von Geburt an eine eigene, unverletzliche Menschenwürde und das Recht auf Leben, Freiheit und körperliche Unversehrtheit sowie Entfaltung seiner Persönlichkeit. 1978 bestimmten die Richter, dass Eltern und Kindern ein Leben lang einander Beistand und Rücksicht schulden. Eltern müssten Kinder an Entscheidungen beteiligen, die sie betreffen. Entwürdigende Erziehungsmaßnahmen seien unzulässig. 1998 wurde im Umgangsrecht das Recht des Kindes auf den Umgang mit Vater und Mutter festgelegt.

Anfang 2008 schließlich erkannte das Bundesverfassungsgericht erstmals ein »Recht des Kindes auf Pflege und Erziehung« an. Die Richter schrieben: »Das Grundgesetz garantiert Eltern das Recht auf Pflege und Erziehung ihres Kindes, macht ihnen diese Aufgabe aber zugleich zu einer zuvörderst ihnen obliegenden Pflicht. (…) Maßgebliche Richtschnur für ihr Handeln muss aber das Wohl des Kindes sein, denn das Elternrecht ist ein Recht im Interesse des Kindes. Die elterliche Pflicht zur Pflege und Erziehung besteht nicht allein gegenüber dem Staat, der über die Ausübung der Elternverantwortung zu wachen hat und verpflichtet ist, zum Schutz des Kindes einzuschreiten, wenn Eltern dieser Verantwortung nicht gerecht werden. Eltern sind auch – unmittelbar – ihrem Kind gegenüber zu dessen Pflege und Erziehung verpflichtet. (…) Das Elternrecht dem Kind gegenüber findet seine Rechtfertigung darin, dass das Kind des Schutzes und der Hilfe bedarf, damit es sich zu einer eigenverantwortlichen Persönlichkeit innerhalb der sozialen Gemeinschaft entwickeln kann.« So steht es nun auf dem Papier: Das Kindeswohl zählt mehr als das Elternrecht. Diese Entscheidung, sagt Heribert Prantl in der *Süddeutschen Zeitung*, sei eine »juristische Hymne auf die Kinder«. Und »das erste Kinderlied mit Aktenzeichen: 1 BvR 1620/04«.

Es war ein weiter Weg. Doch die Sorgen sind damit nicht aus der Welt. »Wer heute Nachwuchs bekommt«, sagt der Schweizer Philosoph Dieter Thomä, »liegt quer zur Gesellschaft, in der man äußerlich jung und innerlich flexibel zu sein hat, in der man sein eigenes Fortkommen als Erstes im Blick hat und Pflichten lieber nur auf Zeit eingeht.«

Genau das ist unser Problem. Nach all den Jahren.

Die beschleunigte Kindheit

Kostendruck und mehr Rendite

Der wachsende Druck in der Arbeitswelt, die steigenden Anforderungen in der Familie, der Stress, auch in der Freizeit, immer Tolleres zu erleben, treibt uns dazu, mehr und mehr in unsere Zeit zu stopfen. Wir sind stets auf der Suche nach Möglichkeiten, unseren Alltag schneller zu bewältigen und mehr Dinge gleichzeitig zu tun. Wir erkaufen uns Güterwohlstand mit Zeitnot. Und sind rund um die Uhr erreichbar.

Jeder zweite Deutsche sieht sein Leben als täglichen Kampf. Fast jeder dritte Erwachsene meint, die Gesellschaft könne sich »menschliche Fehler nicht mehr leisten«. »Moralisches Verhalten« wird immer mehr als »Luxus« betrachtet; vier von zehn Deutschen sind der Meinung, auf »Versager« und »nutzlose Menschen« nehme man zu große Rücksicht. Die Menschen von heute müssen flexibel sein: »Change Management« ist gefragt. Flexibilität ist die Kernkompetenz des 21. Jahrhunderts. Die idealen Arbeitnehmer sind ungebunden und heimatlos. So ähnlich hat der griechische Philosoph Aristoteles den Charakter von Sklaven beschrieben.

Kein Arbeitsplatz ist sicher, ob die Bilanzen blenden oder nicht. Rendite zu machen, reicht nicht; es geht um mehr Rendite. Controller leuchten in jeden Winkel. Und überprüfen die Einhaltung penibel festgelegter Kosten. Das Leben wird zum Profitcenter. Kein Handgriff ohne Rechnung. Genügt der Gewinn nicht den hohen Erwartungen, wandern die Arbeitsplätze ins Ausland. Ob sich hierzulande Väter und Mütter in ihrem Job anstrengen oder nicht, spielt keine Rolle, wenn das Ergebnis ihrer Arbeit woanders preiswerter zu haben ist. Überall auf der Welt sind Menschen bereit, für noch weniger Geld noch mehr zu tun. Wer über Telefon einen Flug von Frankfurt nach Amsterdam bucht, landet in einem indischen Callcenter.

Die Welt ist flach, die Sitten verfallen. Menschen werden verramscht. Das Karrieremodell heißt: »Up or out«. Aufstieg oder Rauswurf. Wer das Plansoll verfehlt, fliegt. Geschäftsführer schicken überflüssige Angestellte nicht zum Arbeitsamt, sondern bieten Jobs in neuen Firmen, die noch schneller heuern und feuern. Wenn etwas wächst, dann ist es Zeitarbeit. In den vergangenen 14 Jahren sind fast vier Millionen Vollzeitarbeitsplätze verschwunden. Stehen Arbeiter auf der Straße, steigen die Aktien. Nie war die Abhängigkeit von den Finanzmärkten größer. »Die Bürokratie des Geldes herrscht über jede geistige Leistung«, sagt der französische Philosoph Georg Steiner. »Wir haben noch kein Wort für den Faschismus des Profits.«

Die psychischen Belastungen nehmen zu. Depressionen sind neben Krebs und Herz-Kreislauf-Erkrankungen die große Volksseuche unserer Zeit. Der Umsatz an Beruhigungstabletten und Antidepressiva steigt jährlich um 10 Prozent. Der Druck macht auch jene krank, die ihn behandeln. 1990 waren

Krankenpfleger durchschnittlich sieben Jahre im Dienst. Heute sind es drei.

Acht von zehn Menschen klagen über Krach. Es dröhnt in unseren Ohren. Fünf Millionen Menschen tragen während der Arbeit Kopfhörer, 22 Millionen schlafen schlecht, weil es zu laut ist. Kaum ein Lokal, das seine Gäste nicht beschallt, weder auf den Bergen noch am Meer. Discotheken kennen keine Schmerzgrenze. Aus Dancing Queens werden Tinnitus-Patienten.

Schneller leben, extremer arbeiten

Der Sonntag war einmal heilig, ein Tag der Ruhe, der »seelischen Erhebung«, wie es im Grundgesetz heißt. Heute streiten wir uns, ob die Geschäfte auch am Wochenende Tag und Nacht geöffnet sein sollen. Wir sind unaufmerksam, gereizt und übermüdet. Zeitforscher sagen, dass wir heute im Durchschnitt über eine Stunde weniger schlafen als die Menschen vor hundert Jahren. 1990 klagten 48 Prozent der Arbeitnehmer über Zeitmangel und Zeitfristen, zehn Jahre später waren es bereits 58 Prozent. Die Rechenleistung eines Chips verdoppelt sich alle 18 Monate, die vergangenen 30 Jahre produzierten mehr Informationen als die fünf Jahrtausende davor.

Der Verarbeitungsgeschwindigkeit von Rechnern können wir schon lange nicht mehr folgen. Menschen sind für das beschleunigte Leben nicht geschaffen. So, wie wir nicht dazu gebaut sind, zehn Stunden am Tag auf dem Hosenboden zu sitzen, steht uns auch die Fähigkeit, aufmerksam zu sein, nur begrenzt zur Verfügung. Es gelingt nicht, zu telefonieren und gleichzeitig einen guten Text zu formulieren. Es war in der Evolution selten nötig, mehrere Dinge auf einmal zu tun: Das Gehirn verarbeitet die Dinge hintereinander, nicht nebeneinander. Angestellte können sich heute im Schnitt nur noch elf Minuten auf eine Aufgabe konzentrieren, weil sie immer wieder gestört werden.

Wir sind aber beleidigt, wenn eine E-Mail, in Sekunden um die Welt gejagt, nicht gleich beantwortet wird. Jede neue Information sichert einen Vorsprung und soll gefälligst gleich verarbeitet werden. Und das Tempo zieht weiter an. Nicht nur in Amerika, sondern auch in Deutschland bildet sich ein neuer Arbeitstyp heraus: der »Extremjobber«. Er jongliert stets mit einem halben Dutzend Projekten gleichzeitig und steht sieben Tage und Nächte zur Verfügung. Er hat eine Senatorkarte und fliegt Business, er hat einen Coach und ist immer erreichbar.

Familienmenschen kommen da nicht mit. Aber sie müssen es versuchen, wollen sie nicht den Anschluss verlieren. Viel Zeit für Kinder bleibt da nicht. Wir sind nicht mehr Herren unserer Zeit.

Keine Zeit für Kinder

Wir wollen alles, und das sofort. Mal eben schnell einkaufen, mal eben einen Freund sehen, schnell mal eben nach Mallorca. Keine Weile ohne Eile. Die Tage sind getaktet, die Zeit ist portioniert. Stunden haben einen Plan, und Termine stehen unter Druck. Wenn die Zeit Glück hat, darf sie noch gleiten. Wenn nicht, wird sie vertrieben. Wenn wir etwas haben, dann: keine Zeit. Wohin man schaut, wen man trifft, was man liest: Es geht um Tempo. Beim Frühstück las ich, dass der neue Trainer des FC Bayern, Jürgen Klinsmann, seinen Spielern schnellere Beine machen möchte. Sie sind ihm exakt 1,1 Sekunde zu langsam, und zwar in der Annahme und Weitergabe des Balls. In der englischen Premier League spielen die Stars den Ball durchschnittlich nach 1,3 Sekunden ab, in der Bundesliga erst nach 2,4 Sekunden. Die *Bild*-Zeitung jubelte: »Ramba Zamba statt Schnarch und Schleich«.

Kinder aber brauchen Zeit. Sie sind Zeitdiebe. Sie lieben den Augenblick, sie bleiben stehen, sie hassen Hetze. Ich erinnere mich, wie ich einmal mit meinem damals vierjährigen Sohn für einen meiner Meinung nach fünfminütigen Weg fast eine Stunde brauchte. Überall blieb er stehen; er schaute den Vögeln nach und den Wolken, bückte sich und beobachtete kleine Käfer. Ich wollte gehen, er blieb. Eine Hand zog, die andere hielt. Kinder haben Zeit verdient. Für jemanden Zeit haben, bedeutet, ihn zu lieben. Eltern wollen ihre Kinder lieben, haben aber immer weniger Zeit für sie. Vier von fünf Kindern, das ergab eine Studie des Lego Learning Institute in

Kopenhagen, erleben Zeitnot. Eltern treiben ihre Kinder vor sich her: »Beeil Dich!«, »Komm sofort her!«, »Wir müssen los.«

Es gibt täglich Situationen, in denen wir unsere Kinder nicht in Ruhe lassen. Oder ihnen beibringen, sich aus der Ruhe bringen zu lassen. Irgendetwas ist immer, das nicht schnell genug geht. Ein Kind bleibt plötzlich stehen, hebt etwas vom Boden auf, schaut es sich an. Mutter oder Vater sind bereits zehn Meter voraus und vermissen plötzlich ihr Kind. Sie drehen sich um und brüllen, dass »wir noch einkaufen müssen«. Wir? Das Kind verweilt gerade im Augenblick, es nutzt die Gunst der Minute, es macht das, wovon Mama und Papa so gerne reden. Also achtsam sein, entspannt sein, den Moment genießen. Doch das geht nicht. »Komm jetzt sofort her! Wir müssen noch einkaufen und in den Kindergarten, und danach willst du ja auch noch fernsehen und eine Kassette hören und ...« Der Augenblick, der schöne, ist unwiederbringlich verloren, und es ist und war nicht der einzige. So langsam gewöhnen wir unsere Kinder an den Verlust: Zeit gibt es nur noch abgepackt.

Auch Debatten um Kinderbetreuung sind in Wahrheit Debatten um Zeit. Wenn der *Spiegel* fragt: »Wie viel Mutter braucht das Kind?«, der *Focus*: »Wie viel Vater braucht mein Kind?«, und das Apotheker-Magazin *Baby und Familie* empfiehlt dann: »Erziehen nach Maß«, geht es darum, am Ende alles auf eine Reihe zu kriegen. Kind und Karriere, Kind und Hobbys. Kind und Partnerschaft. Wie viel Zeit bleibt, wenn man die Stunden im Job abzieht? Die Stunden für den Schlaf und die Regeneration? Die Zeit für den Partner oder die Partnerin? Für die Freunde? Für sich?

So kommen Eltern vor lauter Stress und Sorgen nicht mehr dazu, sich über ihre Kinder zu freuen. Geht es um Kinder, hört der Spaß auf. Wenn ich mit Eltern über Kinder spreche, höre ich erst einmal, wie anstrengend sie sind. Ich erinnere mich noch gut, wie ich mit meiner Mutter an der Hand meine Geschwister spazieren führte. Eins nach dem anderen, es waren ja reichlich da. Wir kamen kaum voran, weil sich alle paar Meter andere Mütter über den Kinderwagen beugten und riefen: »Bist du aber süß! Was kannst du schon schön strampeln! Wie schön du lachst!« Ich habe diesen Freudentaumel nie verstanden; meine Brüder und meine Schwester lagen auf einem Kissen und haben weiter nichts unternommen. Doch sie wurden gefeiert, weil sie da waren, auf der Welt, unter uns. Einfach so, ihrer selbst wegen.

Heute lautet die erste Frage an eine junge Mutter nicht: »Wie geht es dir?«, sondern: »Arbeitest du schon wieder?« Man hat sich schließlich nicht mit dem Studium beeilt, um später beim Windelwechseln Zeit zu verlieren: »Hilfe! Kann mal jemand dem Bruno den Po abwischen?« Aufzucht und Hege werden in fremde Hände gegeben, Mütter begreifen sich als »Familienmanager«, die ein »Projekt« betreuen. Dann wird Verantwortung »outgesourct«. An Dienstleister delegiert, an Lehrer, Erzieher, Hausaufgabenhelfer, Tagesmütter, Babysitter. Die sollen sich auch mal kümmern. Kommen die Eltern abends nach Hause, sind die lästigen Arbeiten erledigt. Dann heißt es: It's quality time, baby!

Jetzt nehmen sich Mama und Papa Zeit für ihr Kind. »Na, wie geht's? Wie war dein Tag? Gibt es Probleme? Was kann ich noch für dich tun?« Fürsorge und Zuwendung werden in Häppchen gereicht. »Quality time« ist die Antwort der Gehetzten. Sie haben ihre Tage nicht im Griff. Sie versuchen, Erziehung als einen ökonomischen Prozess zu begreifen: Was knapp ist, generiert Nachfrage. Das Kind hat seine Bedürfnisse dem Zeitmanagement der Eltern anzupassen. Sie reden sich gut zu, um das schlechte Gewissen zu beruhigen: »Qualität vor Quantität«, je kürzer und intensiver der Kontakt, umso besser. Willst was gelten, kommste selten. Bringt die Zeit mit den Kindern keine »Qualität«, ist sie nicht wert, verbracht zu werden. Dass Kinder nicht den Wecker stellen, wenn sie mal von ihrer Mutter in den Arm genommen werden wollen, steht bestimmt in einem schlauen Beratungsbuch; wenn es sich einrichten lässt, ist sie auch da. Fragt man Kinder nach ihrem größten Wunsch, sagen sie: »Mehr Zeit mit den Eltern.«

Das Wissen um Kinder schwindet. Kinder brauchen keine Methoden, sie brauchen Verlässlichkeit und Bindung. Eine gute Bindung, ein gutes Verhältnis zwischen Eltern und Kindern aber fällt nicht vom Himmel. Das bedeutet Arbeit. Kinder sind eine Herausforderung. Sie stellen immer wieder die gleichen Fragen. Sie wollen immer wieder das Gleiche essen. Sie möchten dauernd auf den Schoß. Und denken erst mal nur an sich. Das gefällt Eltern heute nicht: Nur an sich denken, das können sie auch alleine.

Es dauert in der Regel zwanzig Jahre, bis die psychische

Entwicklung eines Menschen abgeschlossen ist. In dieser Zeit müssen wir lernen, mit unseren Temperamenten umzugehen: mit Angst, Ärger, Glück, Frust und Schmerz. Unsere Gefühle erkennen und Probleme bewältigen. Je mehr gute Erfahrungen wir dabei machen, umso sicherer gehen wir durchs Leben. Gute Erfahrungen sind ein Vorrat für schlechte Zeiten. Wenn wir unsere Kinder zwischen unseren Terminen organisieren, müssen wir uns nicht wundern, dass sich unsere Kinder eines Tages selbst organisieren, früher, als uns lieb ist. Wenn Zeit Geld ist, sollen Kinder auch das Gefühl haben, ihren Eltern etwas wert zu sein. Bedeutsam zu sein. Und gut, so wie ich bin. Ich kann mir etwas zutrauen, weil andere mir vertrauen.

Viele gute Erfahrungen machen wenige schlechte wett. Eine gute Erfahrung ist, viel Zeit miteinander zu verbringen. Vor allem in kritischen Phasen. Fällt ein kleines Kind hin, will es sofort getröstet werden. Der Schmerz wird nicht weniger, wenn erst abends eine schöne Geschichte vorgelesen wird.

Besser wachsen, schneller lernen

Elterliche Eile, sagt der amerikanische Psychologe David Elkind, begleitet heute jede Entwicklungsphase von Kindern: »Wenn sie noch die Kinderrassel in der Hand haben, wird der Fuß schon auf die Karriereleiter gesetzt.« Und bereits vor der Geburt wird aufs Tempo gedrückt. Amerikanische Firmen bieten Geräte zur Steigerung der Lerngeschwindigkeit im

Mutterbauch. Ein kleiner Kasten namens Baby Plus erreicht mit Schallwellen das Gehirn des Ungeborenen. Der Embryo hört nicht mehr nur den Herzschlag der Mutter, sondern spürt auch den Rhythmus eines pränatalen Stimulationsproduktes. Das Turbobaby soll sich »einen Vorsprung gegenüber traditionellen Geburtsanfängern« erarbeiten. So steht es im Prospekt.

Babys werden mit Musik beschallt, mit Klopfzeichen massiert oder bekommen Märchen vorgelesen. Nicht einmal in der sensiblen Phase nach der Geburt gönnen Eltern sich und ihren Kinder eine Pause. Mütter berichten Ärzten, wie »schwierig« ihr Kind sei. Dabei haben sie und ihr Kind mit der Geburt viel Stress erlebt und brauchen ein wenig Erholung. Der Begriff Stillen bedeutet so viel wie: zur Ruhe kommen. Davon kann heute keine Rede mehr sein.

Das neueste Zauberwort der Frühchen-Förderung heißt »Zeitfenster«. So nennen Neurologen sensible Entwicklungsphasen, in denen Kinder besonders schnell lernen. Ihre Bedeutung wurde erst in den vergangenen Jahren entdeckt, bei Neugeborenen mit einer Trübung der Hornhaut oder der Linse (»Grauer Star«). Obwohl die Ärzte erfolgreich Hornhaut und Linse transplantiert hatten, sahen die Babys nicht besser. Ihre Augen waren zwar funktionsfähig, aber der Verstand konnte nichts mit ihnen anfangen. Die Kinder blieben blind, weil im ersten Jahr, der entscheidenden Entwicklungsphase für die Kunst des Sehens, wichtige neuronale Verbindungen in der Sehrinde nicht aufgebaut worden waren. Sie waren zu spät operiert worden.

Seit Neurobiologen das menschliche Gehirn entschlüsseln und mit jeder Studie die Relevanz der ersten Jahre für die Entwicklung herausstellen, sind Eltern noch mehr verunsichert. Bleibt mein Kind zurück, wenn es einfach nur spielt? Welche Anregungen braucht es wann? Wie kann ich es optimal fördern? Ein zweijähriges Kind verfügt über doppelt so viele Synapsen wie seine Eltern. Es saugt Wissen auf wie ein Schwamm. In den ersten Jahren ist die Lernfähigkeit des Gehirns grenzenlos.

Also, Eltern, aufgepasst: Jetzt bloß nicht lockerlassen. Und wichtige Zeit verschenken. Früh gefördert heißt: nicht spät bereut. »Entwicklungsbegleitung« ist heute der letzte Schrei. »Auf Grundlage neuester Forschungsergebnisse aus Pränatalpsychologie, Medizin, Säuglingsentwicklung und Interaktionsforschung wollen wir einen Kontakt zum eigenen Baby aufbauen«, heißt es in einer Arbeitsbeschreibung für die beliebten »Delfi«-Kurse. »Delfi« steht für: »Denken. Entwickeln. Lieben. Fühlen. Individuell.« Immerhin dürfen die Babys »mit ihren Bedürfnissen und Kompetenzen das Spielangebot bestimmen«.

Beliebt sind auch Mutter-Kind-Singkurse, weil Singen »Gefühle freisetzt« und »die Seele öffnet«. Auch Lehrgänge in »Zwergensprache« sind im Kommen: »Mit Babys kommunizieren, bevor sie sprechen können. Kürzen Sie das Warten ab.« Hier lernen Eltern in zwölf Wochen 75 Gesten. Und Kinder ab sechs Monaten, mit ihren Fingern Zeichen zu formen. Der Vorteil liegt auf der Hand: »Die Kleinen müssen nicht mehr schreien, um zu bekommen, was sie wollen.« Wer sich im Handumdrehen verständigt, das ist die Hoffnung, wird schneller schlau. Und kann mit drei Jahren schon plappern wie andere sonst mit vier. Vorsprung durch Technik.

Die amerikanische Ethnologin Jean Liedloff schreibt in ihrem Buch »Auf der Suche nach dem verlorenen Glück«, wie die Yequana-Indianer in den Regenwäldern Venezuelas ihre Söhne und Töchter ohne große Worte unterstützen. »Dem Kind ein Beispiel oder Vorbild zu bieten, geschieht im Idealfall nicht ausdrücklich, um es zu beeinflussen, sondern heißt lediglich, sich normal zu verhalten: dem Kind keine besondere Aufmerksamkeit zu schenken, sondern eine Atmosphäre zu schaffen, in der man sich vor allem um die eigenen Angelegenheiten kümmert; von dem Kind nimmt man dabei nur Notiz, wenn es dies braucht, und dann auch nicht mehr als notwendig. (…) Das Baby selbst sucht die Mutter auf und zeigt ihr durch sein Verhalten, was es will. Seine Wünsche erfüllt sie vollständig und bereitwillig, aber sie fügt nichts hinzu. In ihrem gesamten Verkehr miteinander ist es der aktive, sie der passive Teil; es kommt zu ihr zum Schlafen, wenn es müde, und zum Gefüttertwerden, wenn es hungrig ist.«

»Kinder wissen viel mehr, als wir bisher geglaubt haben«, sagt Friedrich Wilkening, Professor für Psychologie an der Universität Zürich. Dass Entwicklungsforscher früher Kindern nicht so viel zutrauten, liegt auch an schwierigen Versuchsanordnungen. »Gestaltet man die Aufgaben so, dass sie für Kinder verständlich, interessant und motivierend sind«, sagt Professor Friedrich Wilkening, »verliert man die Einstellung, dass Kinder fundamentale Defizite haben. Mir hat noch niemand plausibel nachweisen können, dass Kinder im Vorschulalter kognitive Defizite haben, die irgendetwas grundsätzlich unmöglich machen.«

Kinder schätzen zum Beispiel Flugbahnen von Gegenständen ähnlich gut ein, wie es die Genies Galileo Galilei oder Isaac Newton vermochten. Säuglinge sind in der Lage, die Laute aller Weltsprachen voneinander zu unterscheiden. So lange, bis sie selbst Wörter bilden. Mit den ersten »Dada« oder »Eiei« endet diese Kunst. Asiatische Kinder können noch bis ins Alter von fünf Jahren die Phoneme R und L auseinanderhalten. Weil dies in ihrer Kultur aber nicht wichtig ist, vergessen sie diese Fähigkeit wieder.

Gerade bei physikalischen und mathematischen Fragestellungen sind Vorschulkinder erstaunlich kompetent, auch wenn ihre Einschätzungen nicht immer genau mit den exakten Werten übereinstimmen. In einer Aufsehen erregenden Studie wies die amerikanische Psychologin Karen Wynn nach, dass fünf Monate alte Babys bereits eine Ahnung vom Rechnen haben. Sie platzierte eine Puppe auf einer kleinen Bühne. Dann zog sie den Vorhang zu. Die Psychologin zeigte eine zweite Puppe und versteckte auch diese hinter dem Vorhang. Die Säuglinge verloren das Interesse, als der Vorhang entfernt wurde und lediglich zwei Puppen zu sehen waren. War hingegen nur eine Puppe da, starrten sie lange darauf, als rechneten sie nach. Die Schlagzeile »Babys können addieren« ging um die Welt.

Neurologen, Verhaltensforscher und Psychologen sind dabei, den Schatz der Kindheit zu bergen. Die pädagogische

Forschung steckt noch in den Kinderschuhen: In Deutschland gibt es 30 Lehrstühle für Japanologie, aber nur sieben für frühkindliche Entwicklung. Kindheit ist wie eine leere Landkarte, die langsam mit Wissen gefüllt wird. Die Forscher interessiert: Lassen sich eines Tages über das Denken Krankheiten heilen? Kann man das Gehirn wie einen Muskel trainieren? Welchen Abdruck hinterlässt ein Gedanke? Warum lernen Kinder manchmal umso schlechter, je mehr sie schon wissen? Vielleicht wird Eltern eines Tages schon bei der Geburt ihres Kindes ein Stundenplan ausgehändigt, der jeden einzelnen Entwicklungsschritt mit Chancen und Risiken bewertet.

Kinder auf der Überholspur

Wie perfektes Timing aussieht, kann in Potsdam besichtigt werden. Dort hat sich eine 200 Jahre alte Villa in einen Elite-Hort verwandelt. Hier wachsen »Little Giants«, kleine Giganten, heran. Eine Betreuung der Extraklasse kostet bis zu tausend Euro im Monat. Die »Villa Ritz« bietet Sauna und Chinesisch, Geigenunterricht und Gymnastikraum. Professionelle Vorlesestunden und Benimm-Training nach Knigge. Und »Babywatching« als »Form des sozialen Lernens«. Ein »Erlebniszimmer« ermöglicht Zeitreisen vom alten Rom bis in die Wüste. Die Gesellschafter der Giant Leap GmbH & Co KG kommen aus der Wirtschaft, ihre jüngsten Kunden fast aus dem Kreißsaal.

Die jüngsten Überflieger landen im Alter von neun Wochen. Verpassen ihre überbeschäftigten Eltern einen Anschlussflug und sind nicht rechtzeitig zu Hause, wird der Hort zum Hotel. Ein Chauffeur liefert Wartende auf Wunsch auch bis vor die Haustür. Ein Erzieher betreut sieben Kinder, nach Gebrauch des Wasserhahns ist dieser mit einem Papiertaschentuch zu reinigen. Die kleinen Giganten werden keimfrei groß. Die Erzieher führen Tagebücher über motorische Fortschritte und emotionale Krisen. Regelmäßige Checks bieten Gelegenheit, neue Lernziele festzuschreiben. Wer in der Spur bleibt, kann mit zehn Jahren auf die Heidelberger Young Business School wechseln. Als »Schülerstudent«.

Die Frühchen-Förderung bietet auch Quereinsteigern Chancen. Der Chef des Unternehmens Helen Doron Early English war vorher Auto-Vermieter. Seine Begabtengruppe Babys Best Start nimmt Kinder ab drei Monaten auf. Franchise-Verträge mit Starchild English, Lollipos oder Happy Young Learning versprechen Renditen von bis zu 30 Prozent und Monatseinkommen um die 8000 Euro. In der Berliner Filiale der amerikanischen Schnell-Lern-Kette FasTracKids unterrichten Englischlehrer dreijährige »Überholspurkinder« nicht nur in Mathematik und Kunst, sondern auch in Kommunikation, Rhetorik und Marketing. Das Münchener »Youngworld-Institut für Begabungsanalyse« bietet Kindern ab fünf Jahren einen sechsstündigen »Potenzialcheck«. Er kostet 490 Euro. Auf dem Prüfstand stehen Persönlichkeit, Kreativität und Intelligenz. Hier wird Talent ermittelt, wie man Fieber mit dem Thermometer oder die Körperlänge mit dem Maßband bestimmt. Ein »Begabungsprofil« zeigt Stärken und Schwächen auf.

Bundesfinanzminister Peer Steinbrück (SPD) fordert bereits Talentsichtung im Kindergarten. Wir haben es mit einer harten Konkurrenz zu tun: Die asiatischen Kinder büffeln von Geburt an. Schert in China ein einjähriges Kind beim Wettkrabbeln vor dem Ziel aus, schämt sich die Mutter. In den Schlafsälen chinesischer Kindergärten sind persönliche Gegenstände verboten und Kuschelkissen nicht erlaubt. Hier lernen die Kinder sehr früh, persönliche Bedürfnisse hintenan zu stellen. Das bringt Wettbewerbsvorteile in der entfesselten Weltwirtschaft. Weil aber auch im Reich der Mitte einigen Pädagogen so langsam mulmig wird, bieten sie Eltern Kurse in der Kunst des Fragens an: Vater und Mutter lernen so, sich ab und an mal bei ihren Kindern zu erkundigen, wie es ihnen geht. Eltern und Kindern Fragen abzugewöhnen, gehört in China zum Drill.

Drill, dieses Wort hören wir nicht so gern. Disziplin klingt schon besser. »Disziplin«, sagt der Kinderpsychologe Wolfgang Bergmann, »ist die Ideologie zum Schneller, Höher, Weiter. Wenn Sie heute auf der Straße noch einen Stechschritt sehen, dann sind das Mütter mit ihrem Kind an der Hand.« Aber während Erwachsene unentwegt mit der Verbesserung ihrer Lebensqualität beschäftigt sind und das »Gutgehen« zum Wellnessboom wurde, muten Eltern ihren Kindern immer mehr zu. Sie melden ihre Kinder am bundesweiten »Sinus Transfer Projekt« an: Die Abkürzung steht für »Steigerung der Effizienz im mathematisch-naturwissenschaftlichen Unterricht der Schule«. Oder zu »Mathematik-Olympiaden«, deren Aufgaben sich über die Ferien erstrecken. Alles muss sich rechnen, von nichts kommt nichts.

Die Sicht auf Kinder hat sich verändert. Als ich in den 1960er- und 70er-Jahren groß wurde, schauten Väter und Mütter in selbstbewusster Distanz auf ihre Söhne und Töchter. Die Erwachsenen wussten, wo es langgeht, wir konnten ihnen folgen oder auch nicht. Die Welt war groß, wir waren klein. Die Eltern hatten ihre Themen, wir unsere. Sie übten Kontrolle und boten Schutz. Eine schlechte Note war kein Beinbruch, und ein »ausreichend« galt als »Zwei des kleinen Mannes«. Heute treiben Eltern ihre Kinder, bewusst oder unbewusst, in radikale Rivalitäten: nicht »ich muss gut sein«, sondern »ich muss besser sein«. Sie sind persönlich beleidigt, wenn der Nachwuchs mit ungenügenden Zensuren nach Hause kommt: »Wir haben eine Fünf geschrieben.«

Die Hatz beginnt bei den Vorsorgeuntersuchungen. Weichen die Kinder von der Norm ab, weil sie für das eine oder andere mehr Zeit benötigen, geraten Eltern in Panik. Läuft das eigene Kind als einziges in der Krabbelgruppe noch nicht mit zwölf Monaten, bitten sie um eine Überweisung zum Krankengymnasten. Dass Dummerchen manchmal früher mit dem Sprechen beginnen als die später Klugen, beruhigt nicht. »Genies wie Einstein«, sagt Heike Ramm, Kinder- und Jugendärztin aus Seevetal bei Lüneburg, »wären heute schon im Kindergarten gestutzt worden.« Einstein stotterte als Kind. Und konnte erst mit drei Jahren sprechen. Er formte im Kopf vollständige Sätze, übte leise und sprach sie erst laut aus, als er sich sicher war. Sein Kindermädchen nannte ihn einen »Depperten«. Obwohl Kinder heute sicherer leben als vor hundert Jahren, nicht wegen verseuchter Milch an Tuberkulose erkranken oder wegen Vitamin-C-Mangels an Skorbut, hat jedes dritte Kind in Deutschland mit acht Jahren bereits eine Therapie hinter sich. Beim Ergotherapeuten. Beim Logopäden. Oder beim Psychologen.

Früh fördern, spät bereuen

Es ist der Narzissmus der Eltern, Wunderkinder zu züchten. »Was derzeit passiert«, sagt der Göttinger Neurologe Gerald Hüther, »grenzt an gigantische Hysterie. Nicht wenige Förderkinder landen in der Psychiatrie. Ich kenne viele Kinder, die trauen sich schon nicht mehr, selbst ein Bild zu malen oder zu singen, weil sie von ihrem kläglichen Ergebnis enttäuscht sind.« Ob der Besuch eines unterrichtsorientierten Vorkindergartens für Drei- und Vierjährige späteres Lernen fördert, untersuchten Wissenschaftler des amerikanischen National Bureau of Economic Research. In der ersten Klasse waren diese Kinder noch im Vorteil. Am Ende des ersten Grundschuljahrs aber hatten sie ihren Leistungsvorsprung bereits wieder eingebüßt. Viele von ihnen mussten die vierte Klasse wiederholen, weil manche Fähigkeiten zu Lasten anderer gingen. »Haben. Sein. Und gelten. Dass einer alles hat, das ist selten«, lästerte einst Kurt Tucholsky.

Ob spätere Karrieren von früher Förderung abhängig sind, ist zweifelhaft. David Elkind schreibt in seinem Buch »Wenn Eltern zuviel fordern – Die Rettung der Kindheit vor leistungsorientierter Früherziehung«: »Es gibt keine Beweise, dass solch frühzeitiger Unterricht dauerhafte Vorteile bringt, hingegen beachtliche Beweise dafür, dass er bleibende Schäden bewirken kann.« Der Professor berichtet von einer Forschungsgruppe, die erfolgreichen Menschen die Frage stellte, ob sie von ihren Eltern in ungewöhnlichem Maße gefördert worden seien. Typische Antworten waren: »Auch wenn meine Eltern nicht besonders gebildet waren, so glaube ich doch, dass die Gespräche am Abendbrottisch die eigentlich bedeutsame Rolle dabei spielten, mir soziale Werte und das Interesse an Wissen und Fakten zu vermitteln.« Oder: »Ich stand meinen Eltern, die mich ungemein gefördert haben, sehr nahe. Ich las viel zu Hause, da ich sie die ganze Zeit lesen sah, und ich nehme an, dass mir das in der Schule genützt hat.« Oder: »Ich wuchs in einem Haus auf, das voll von Büchern und Zeitschriften war; ich diskutierte viel mit meinen Eltern. All das lief sehr gelassen ab, und soweit ich sagen kann, war ich selbst der Einzige, der mich unter Druck setzte.«

Ein Kind ist dann mit sich zufrieden, wenn seine Leistungen seinen Möglichkeiten entsprechen. Zweijährige Kinder zählen vielleicht Ziffern auf: zwei, sechs, sieben, neun, zehn. Doch ein Verständnis für Zahlen entwickeln sie erst mit vier oder fünf Jahren. Kinder wollen verstehen und die Bedeutung erfassen. Wörter und Sätze mit im Gedächtnis enthaltenem Vorwissen vergleichen. »Die Definition ›Wasser ist eine Substanz, die aus Wasserstoff und Sauerstoff besteht‹ ist nur dann eine echte Definition, wenn alle verwendeten Wörter, insbesondere ›Wasserstoff‹ und ›Sauerstoff‹ eine klare Bedeutung haben«, sagt der Neurologe Gerhard Roth, Professor für Verhaltensphysiologie und Direktor am Institut für Hirnforschung an der Universität Bremen. »Bei einem naturwissenschaftlich gebildeten Zuhörer dürfte klar sein, was ›Wasserstoff‹ und ›Sauerstoff‹ bedeuten, aber ein naturwissenschaftlicher Laie mag sich darunter irgendetwas anderes vorstellen, bei ›Sauerstoff‹ etwas Saures, und sich dann wundern, dass Wasser nicht sauer schmeckt, sondern geschmacklos ist.«

Vielen Pädagogen erscheint sinnvolles, zielgerichtetes Lernen erst ab sechs Jahren möglich. Dann erst sind im kindlichen Gehirn die Stirnlappen ausgebildet, die Urteilsvermögen, Kontrolle und flexibles Denken möglich machen. In diesem Alter beginnen Kinder, logisch zu denken; sie begreifen die Entwicklung ihrer Gedanken. Und erkennen beim Rechnen den Unterschied zwischen Hinzuzählen und Abziehen.

Dass sich Kinder manchmal langsamer entwickeln, hat auch damit zu tun, dass ihnen zu wenig Gelegenheit zum Spiel gegeben wird. Kinder müssen spielen, um sich als kompetent wahrzunehmen. Kompetenz ist ihr wichtigster Schutz gegen Hilflosigkeit. Indem Kinder spielen, dass sie groß sind, werden sie groß. »Nur wenn Kinder ihr Handeln selbst kontrollieren können, bleiben sie neugierig auf eigene Erfahrungen«, meint Gerald Hüther. »Gesunde Kinder lernen von ganz allein. Sie legen sich die Latte immer selber ein kleines Stückchen höher, ohne dass es jemand von ihnen erwartet.« Es wird Zeit für ein bisschen mehr Gelassenheit. Denn das menschliche Gehirn, das komplexeste System im Universum, kann eines nicht: nicht lernen.

Ängste fressen Kindheit auf

Weltmeister der Angst

Wir sind Weltmeister der Angst. Jetzt gibt es endlich ein Lexikon, das unsere Phobien übersichtlich zusammenfasst. Der Psychoanalytiker Wolfgang Schmidbauer hat gut 300 Phobien beschrieben, die unser Leben zu einem Leiden werden lassen. Dass wir Angst haben um den Arbeitsplatz und Angst vor Veränderung, das wussten wir. Angst, zu dick zu werden, und Angst, zu dünn zu bleiben. Aber der Panikkatalog reicht weiter: von der Ablutophobie, der Angst, sich zu waschen, bis zur Zeusophobie, der Angst vor den Göttern. »Die Deutschen«, sagt Helmut Schmidt, »haben eine Neigung, sich ängstigen zu lassen von Dingen, die morgen passieren könnten.« Über zehn Millionen Deutsche klagen über Angststörungen. Ihr Zentralorgan ist die *Deutsche Angst Zeitschrift*. Es gibt sie wirklich, sie erscheint in München. Dem Umstand, dass wir das Leben mehr als Last, denn als Lust begreifen, haben die Engländer einen Namen gegeben: »German Angst«.

Wir zählen täglich unsere Sorgen. Die neueste Furcht nennt sich Ortorexie. Das ist die krankhafte Beschäftigung mit gesundem Essen. Sie betrifft vor allem 20- bis 40-jährige Frauen und viele Mütter. Sie ekelt, vorgefertigte Produkte zu sich zu nehmen. Fleischklopse sind Terror, wenn Kuchen, dann nur aus Vollkornteig. Die Einschätzung der vermuteten Qualität gerät zur Lieblingsbeschäftigung. Die Religion dieser Gesundheitsapostel heißt »öko«. Sie glauben an Möhrenpastete und magere Milch, geriebene Äpfel und gehackte Haselnüsse. Was nicht »bio«, das ist »bäh«.

Die Hassprediger auf ordentlichen Appetit schlagen Kindern Lollis aus dem Mund und studieren Nährwerttabellen: »Das brauchen Kinder von sieben bis neun Jahren: 1 800 Kalorien. Mindestens 225 Gramm Kohlenhydrate. 70 Gramm Fett. 24 Gramm Eiweiß. 900 Milligramm Calcium. Ein Liter Wasser.« Sie blättern im Ratgeber »Optimale Gehirnernährung für Kinder«, bevor sie zum Obst greifen. Jeder Einkauf ist ein Risiko, die Wissenschaft hat festgestellt, festgestellt, festgestellt: dass die beliebte »Schoki« antioxidative Pflanzenstoffe enthält und Magnesium, aber auch Fett. Die zuckerreduzierte »Capri Sonne« geringer gesüßt ist, doch ohne Aromen und Säuerungsmittel nicht auskommt.

Die Gesundbeter durchforsten Ratgeber mit dem Leuchtstift und übersetzen Kleingedrucktes auf Fruchtsaftetiketten. Nach jeder »Fanta« drohen sie mit dem Zahnarzt. Sie verehren Dinkelkekse und Reiswaffeln, Zwiebelsäckchen und Schüssler-Salze. Fruchtzwerge müssen leider draußen bleiben. Werden die Kinder außer Haus betreut, auf Klassenfahrten oder Hortreisen, erhalten die Erzieher Dienstanweisungen, was die Würstchen enthalten dürfen. Höchstens Soja. Und nicht so viel Butter aufs Brot, versteht ihr? Diese Super-Muttis sollten mal bei Oliver Kahn, ausgerechnet, nachfragen, wie das ist,

vom Ehrgeiz zerfressen zu werden. Der einstige Wadenbeißer entwickelt sich langsam zum Dalai Lama und sagt Sätze wie: »Man darf im Leben nicht glauben, dass die Dinge immer so laufen, wie man sie gerne hätte. Irgendwann habe ich mal registriert, das mit der Perfektion funktioniert nicht. Nach Perfektion zu streben, sich ihr annähern zu wollen, ist okay, aber nicht, sie tatsächlich erreichen zu wollen. Wer das nicht versteht, wird ewig unzufrieden und unglücklich sein.«

Vor ein paar Jahren kursierte im Internet der Text eines auch von Besserwissern und Fanatikern genervten Familienvaters. Unter der Überschrift »Schade, dass ihr das nicht erleben durftet« schilderte er den »nach 1978 Geborenen«, wie er seine Kindheit überlebt hatte: »Wir haben es tatsächlich geschafft. Nach dem heutigen Stand der Wissenschaft müssten wir alle, die in den Sechzigern bis Anfang Achtziger groß geworden sind, längst tot sein. Unsere Kinderbetten waren angemalt in strahlenden Farben voller Blei und Cadmium, Formaldehyd sickerte aus jeder Pore. Unsere Fahrräder, Roller und Rollschuhe fuhren wir ohne Schützer und Helme. Wasser haben wir direkt aus dem Gartenschlauch getrunken. Wahnsinn! Wir aßen fettige Schmalznudeln und frisch gebackenes Brot mit fingerdick Butter drauf, dazu gab es überzuckerte Limonade und künstlich gefärbtes Tritrop. Wenn wir uns an Brennnesseln gebrannt haben, haben wir entweder draufgespuckt oder den Nachbarshund drüberlecken lassen oder draufgepinkelt.«

Wilde Kerle toben nur noch im Kino. Vorbei die Zeiten, als spielende Kinder auf der Straße Regisseure animierten, einen Film zu drehen. Der legendäre Amerikaner Hal Roach hatte aus seinem Fenster Jungs beim Streiten beobachtet. Der Kleinste besaß den größten Holzstock und rückte ihn nicht heraus. So entstand die beliebte Serie »Die kleinen Strolche«. Die Kinder heckten den ganzen Tag Streiche aus. Sie waren frech und frei und geigten den Erwachsenen ihre Meinung. Heute würden sich Therapeuten ihrer annehmen.

Schreckensmeldungen machen Angst

Auch wer das Radio oder den Fernseher einschaltet, bekommt es mit der Angst zu tun. Hektisch geschnittene Bilder, mit düsteren Tönen unterlegte Nachrichten. Die Berichterstattung folgt stets den gleichen Mustern und befriedigt eine schaurige Gier. Brutale Gewalt bedient die Sensationslust der neurotischen Mediengesellschaft. Wird ein Fall bekannt, gräbt die Meute nach weiteren. Chefredakteure jagen ihre Leute los, noch grausamere und empörungswürdigere Beispiele menschlichen Entsetzens zu sammeln. Dieser Mechanismus war bereits 1925 einem der berüchtigtsten deutschen Serienmörder bekannt. Der Hannoveraner Fritz Haarmann hatte 24 Jungen umgebracht und sagte vor seiner Hinrichtung: »Wenn ich so gestorben wäre, dann wäre ich beerdigt worden, und keiner hätte mich gekannt. So aber – Amerika, China, Japan und die Türkei, alles kennt mich.« Er wollte öffentlich hingerichtet werden, damit es viele Menschen sehen. In Abwandlung einer bekannten Operettenmelodie ging ein Abzählvers damals so: »Warte, warte, nur ein Weilchen, bald kommt Haarmann auch

zu dir, mit dem kleinen Hackebeilchen macht er Schabe-
fleisch aus dir. Aus den Augen macht er Sülze, aus den Hin-
tern macht er Speck, aus den Därmen macht er Würste, und
den Rest, den schmeißt er weg.«

Weil schlechte Nachrichten sich besser verkaufen als gute,
präsentiert sich bereits eine Sturmwarnung, als nähme der
Weltuntergang Anlauf. Einmal wurde ich von meinen Kollegen nach Sylt geschickt, Zeitzeuge einer sich langsam auf-
bauenden Sturmflut zu werden. Was war das ein Gedränge
über dem bedrängten Steilufer, als sich daunenbejackte Reporter aus allen Teilen der Republik gegen den blanken Hans
stemmten und den furchterregenden Elementen jede halbe
Stunde neue Wasserstandsmeldungen abtrotzten. Der Wind
wehte, das Meer tobte, aber es reichte leider nicht zu einer
Katastrophe. Nach zwei Tagen war der Spuk vorbei, und die
Sonne ließ sich blicken. »Unsere Zeit«, sagt Psychoanalytiker Wolfgang Schmidbauer, »ist schnellsterbig, nicht schnell-
lebig. Es geht um schnelle Auflösung und Entwertung, ein
Kippen von der dramatischen Überschätzung der Nachricht
von heute in eine dramatische Unterschätzung der Nachricht
von gestern.«

Wie bei den Wettervorhersagen im Radio, deren auf-
geregte Moderatoren das Klettern des Thermometers durch
Angabe der »gefühlten Temperatur« dramatisieren, gibt es
auch eine steigende gefühlte Unsicherheit. Drei Viertel der
Eltern sind der Ansicht, die Zahl der Sexualverbrechen an
Kindern sei gestiegen. Diesen Eindruck haben sie gewonnen, weil jeder einzelne Fall über Tage in den Medien be-

handelt wird. Die Zahlen sind andere. Die Kriminalstatistiken zeigen einen deutlichen Rückgang von Tötungsdelikten, besonders von Sexualverbrechen. Es gibt auch weniger Raubüberfälle. Zugenommen aber hat die exzessive und voyeuristische Berichterstattung. So entsteht eine falsche Wahrnehmung von Entwicklung: vor allem, wenn spektakuläre Fälle über Wochen und Monate die Gier nach Angst befriedigen.

Wie 2007 das Verschwinden von Maddie McCann aus einer portugiesischen Hotelanlage. Mit Hilfe professioneller Medienberater organisierten die Eltern des Mädchens eine weltweite »Maddie-Mania«. Sie spannten Prinz Charles ein und den Papst, Harry Potter-Erfinderin J. K. Rowling und den Überflug-Unternehmer Sir Richard Brenson. Millionen Menschen nahmen im Internet Anteil und lasen die Blogs des Vaters, seine verzweifelten Gedanken, sie nahmen Anteil an seinen Hoffnungen und Befürchtungen. Die englischen Eheleute wollten nicht akzeptieren, dass ihr Schicksal erst auf den ersten und dann auf den letzten Zeitungsseiten stattfindet und irgendwann vergessen werden würde. Fast täglich also traten sie vor die Kamera und baten ihre Tochter, sich zu melden. Irgendwann schlug das Interesse in Argwohn um und das Mitgefühl in Hass. Denn die Mediengesellschaft will täglich neue Nahrung, sie will immer neue Geschichten und erträgt die alten nicht mehr.

Angst und Schrecken jagte auch das Schicksal eines österreichischen Mädchens ein, das achteinhalb Jahre nach seinem Verschwinden plötzlich vor den Fernsehkameras auftauchte. Die zehnjährige Natascha Kampusch aus Wien-Donaustadt war im März 1998 auf dem Weg zur Schule verschwunden. Sie war im Keller eines Einfamilienhauses in einer guten Wohngegend, ein paar Kilometer von ihrem Zuhause entfernt, versteckt worden. Die Polizei hatte vergeblich nach ihr und ihrem Entführer gesucht und weltweit gefahndet.

Zwei Wochen nach ihrer Flucht trat Natascha Kampusch im Fernsehen auf. Auf eigenen Wunsch, wie ihre Betreuer sagten. Ein Medienberater, der sonst Politiker und Wirtschaftsbosse dazu bringt, vor der Kamera einen guten Eindruck zu machen, hatte mit ihr den Auftritt einstudiert. In der Zwischenzeit verhandelten Rechtsanwälte die internationalen Verwertungsrechte. Allein das Fernsehinterview wurde in voller Länge in fast 30 Ländern gezeigt. Zeitschriften sicherten sich Exklusivbilder. Sorgfältig wurde die Spannung gesteigert: Wird sich Natascha Kampusch zu erkennen geben? Mit Brille auftreten? Ohne Kopftuch? Wird man ihr Gesicht erkennen können? Wird sie dieser Belastung gewachsen sein? Wird sie in der Lage sein, darüber zu reden, ob und wie sie sexuell missbraucht worden ist?

Dann endlich verfolgten Millionen Menschen die langsamen Sätze einer gefasst wirkenden Frau. Sie erschien wie eine Heilige, seltsam entrückt und so gescheit nach all den Jahren der Isolation. Rund um die Welt erlebten Fernsehzuschauer die Übertragung des Kaspar-Hauser-Mythos in unsere Zeit: Ein Mädchen erlebt seine Pubertät in der Gefangenschaft eines Gestörten. Und zerbricht nicht daran, sondern erhebt sich als Lichtgestalt aus dem Dunkel ihrer eigenen Geschichte. Ein geradezu literarischer Stoff, außerhalb jeder Vorstellungskategorie.

In einem sorgsam ausgeleuchteten Zimmer erzählte Natascha Kampusch, dass sie große Schwierigkeiten mit hellem Licht habe, weil sie so viel Zeit in einem dunklen Keller hatte verbringen müssen. Und von ihren Schwierigkeiten, viele Menschen auf einmal zu sehen. Eine absurde Szenerie: Im Raum nebenan hatten Redakteure des Österreichischen Fernsehens ein Buffet für 40 Personen errichtet. Zur gleichen Zeit wurde den Ermittlern der Polizei verweigert, mit Natascha Kampusch längere Gespräche über ihren Entführer und mutmaßliche Mitwisser zu führen. Psychologen wiesen die Beamten mit dem Hinweis ab, sie brauche Ruhe und sei noch nicht so weit. Niemand schützte das Mädchen vor sich selbst: Weil sie in die Öffentlichkeit ging, wollte jeder die ganze Wahrheit wissen und nicht die halbe. Sehr schnell schlug das Interesse für die neue Heldin in eine brutale Skepsis um, ob Nataschas Erzählungen auch wirklich stimmten.

Gefährliche Kindheit

Und weil wir alle Fernsehen gucken und jeder Fall entsetzlich genüsslich ausgebreitet wird, als finde er gleich um die Ecke statt, fürchten sich die Eltern sehr. 78 Prozent der Mütter und 66 Prozent der Väter glauben, der Alltag von Kindern sei heute »gefährlicher« als früher. Früher? Gab es keine Airbags.

Versagten die Bremsen der Seifenkisten. Spielten die heute 50-Jährigen noch in Häusertrümmern. Unter herunterhängenden Balken und in einsturzgefährdeten Kellern. Rutschten auf Lederhosen Treppengeländer herunter. Entdeckten nicht gezündete Sprengsätze. Wagten im Winter Schlittschuhrennen auf dünnem Eis.

Kinder befeuerten Bolleröfen mit Holz und verbrannten sich die Finger. Mein Freund Max, Jahrgang 1944, wurde mit 14 Jahren von der Polizei festgenommen und seinen Eltern übergeben, weil er einen »Spielplatz« betreten hatte. Der war nur für Kinder bis zwölf Jahren ausgeschildert. »Wir kannten damals den Begriff nicht«, sagt Max. »Die ganze Stadt war ein einziger Spielplatz.« Es gab wenig zu essen, aber genug Platz zum Spielen.

Heute sind die Spielplätze eingezäunt und die Bolzplätze verschwunden. Der wenige Platz in der Stadt wird optimal genutzt. Hinterhöfe sind Bauerwartungsland. Kinder kicken in Käfigen. Eines von drei Kindern wohnt in Verhältnissen ohne ausreichende Spielmöglichkeiten. Kein Wald, keine Wiese, kein Platz zum Toben. Jedes dritte Kind schaut von seinem Zimmer auf eine Garage. In Städten haben Kinder nichts zu suchen und nichts verloren. Dreimal hintereinander verwüsteten städtische Arbeiter den Versuch meines Sohnes und seiner Freunde, Baumhäuser und kleine Buden zu bauen. Die Kinder sammelten anschließend tausend Unterschriften für das Recht, auf Bäume klettern zu dürfen, und schickten Politikern einen Brief. Ein Mann vom Amt sagte, es sei zu gefährlich, auf Bäume zu klettern. Die Freie und Hansestadt Hamburg könne keine Verantwortung tragen, wenn etwas passiert. Außerdem nisteten Vögel auf den Ästen, und die bräuchten ein »Rückzugsgebiet«. Jetzt wissen die Kinder, dass über ihren Köpfen Sperber kreisen. Und diese Vögel mehr Schutz verdienen als sie.

Ich habe im Büro des Bürgermeisters angerufen. Ein freundlicher Herr rief zurück. Er werde sich kümmern, vielleicht könne man auf einem Spielplatz eine kleine Fläche für den Bau einer Hütte ausweisen. Den Kindern ein »Nutzungsrecht« einräumen. Wenn die Eltern damit einverstanden seien und die Haftung übernähmen. Ich solle diese Ankündigung aber nicht an die große Glocke hängen, je weniger davon wüssten, umso besser. Ich habe ihm nichts von Drogenspritzen in Sandkästen erzählt und von Radfahrern, die aus Gehwegen Rennstrecken machen und Fußgänger beiseite scheuchen. Und dass dort, wo er Asyl anbietet, bereits eine kleine Hütte stand, mit ein paar Brettern und einem Vorhängeschloss an der Tür. Die Kinder waren ziemlich stolz, sie hatten sich große Mühe gegeben. Drei Quadratmeter Freiheit. Nun haben sie vorläufig Asyl gefunden, auf einem brachliegenden Grundstück an einer sechsspurigen Ausfallstraße. Dort macht es so richtig keinen Spaß, Tom Sawyer zu spielen. Des Deutschen liebstes Kind ist und bleibt nun mal das Auto. Es bremst auch für Tiere.

Autos parken überall, Kinder werden platziert. Freilaufende Kinder sind ein Ärgernis. In Hamburg liegen, wie in vielen anderen Städten auch, zahlreiche Kindergärten an Ausfallstraßen. Das macht die Mieten erträglich. Manchmal mindert eine Hecke die Sicht, aber einen Lärmschutz können die Erzieher in diesen »Einrichtungen« nicht finanzieren. Wenn es aber um Kinderlärm geht, ist einiges möglich: Im Hamburger Stadtteil Marienthal, etwas vornehmer, etwas teurer, setzten Nachbarn beim Neubau eines Kindergartens eine 60 Meter lange und zwei Meter hohe Lärmschutzwand durch.

Die Eltern waren erbost, einige Politiker alarmiert. Hamburg hat sich zu einer »wachsenden Stadt« erklärt. Wie peinlich. Der Skandal sprach sich herum, im Land der Ideen. Dort, wo Kinder Zukunft sein sollen. Die entsetzte Familienministerin Ursula von der Leyen kam extra aus Berlin angereist. Als Schutzpatronin der armen Kinder. Die siebenfache Mutter hielt ihnen die Hand und eine aufmunternde Rede. »Kinder«, sagte sie wie zur Beschwörung guter Geister, »machen einen wahnsinnig vor Glück.« Das mag bei ihr wohl so sein, aber die Anwohner hörten nicht hin. Sie würden die Nervensägen mitsamt ihren Eltern am liebsten wegsperren. Am Ende fügten sie sich doch ihrem Schicksal und unterschrieben nach 19 Einwänden und 17 Widersprüchen eine »Nachbarschaftsvereinbarung«. Der Hort nimmt nicht mehr als 55 Kinder auf, die Fenster im ersten Stock haben geschlossen zu bleiben. Die Elternabende sind vorher anzumelden. Und am Wochenende darf sich kein Kind blicken lassen.

Das Leben ist lebensgefährlich

Die Welt ist voller Gefahren. Bei Rot über die Ampel und mit dem Fahrrad gegen ein Auto: Viel kann passieren. Kinder an Gartenteichen, auf Bürgersteigen, vor grauer Städte Mauern: Passt bloß auf. »Seien wir doch mal ehrlich«, lästerte der Schriftsteller Erich Kästner, »das Leben ist immer lebensgefährlich.« Der Dresdner war immer bemüht, »in unzerstörtem und unzerstörbarem Kontakt mit der eigenen Kindheit« zu stehen. Er beklagte, viele Erwachsene würden die Erinnerung an ihre Kindheit ablegen wie eine Telefonnummer, die sie nicht mehr brauchen.

In seinem größten Mutmachbuch »Emil und die Detektive« schickt Kästner einen zwölfjährigen Jungen durch Berlin und lässt ihn mit Freunden einen Dieb jagen. Dies war 1929 kein Problem, die Stadt war voll mit Rotznasen und Rabauken. Erich Kästner hatte selbst als kleiner Junge eine Betrügerin verfolgt, die seine Mutter übers Ohr gehauen hatte.

So viele Kinder sind heute nicht mehr auf der Straße unterwegs, dass sie Banden bilden könnten. Die meisten Kinder sitzen im Auto. Ihre Eltern karren sie von hier nach da. Auf kurzen Strecken wird die Kindheit zum Veranstaltungshinweis: »Mama bringt dich um drei, Papa holt dich um sechs ab. Wenn was ist, ruf an.« Es gab mal eine Zeit, da mussten Kinder um sechs zu Hause sein, bevor es dunkel wurde. Davor war man aus dem Haus und weg. Heute kommen Kinder gar nicht mehr auf den Gedanken, von allein loszuziehen. Freunde erzählten mir von einer Beobachtung auf einem

Feldweg: Da fragte ein neunjähriges Mädchen seine Mutter, ob es hier alleine rennen dürfe. Die Einzigen, die heute noch Auslauf haben, sind Jogger und Hunde. Für Kinder herrscht Leinenzwang. Übers Handy melden sie jede Regung. »Wir gehen jetzt schaukeln.« »Mama, ich mach mich auf den Weg.«

Mit dem Handy lernen Kinder nicht, Vereinbarungen zu treffen und einzuhalten; ihre Erziehung ist von der Betriebsdauer eines Akkus abhängig. Mit dem Handy sind Eltern und Kinder flexibel, man braucht keine Verabredungen, der Klingelton genügt. »Komm ins Café, ich sitz da grad mit ein paar Freundinnen.«

Das Handy ist so zur verlängerten Nabelschnur geworden. Jedes dritte Kind im Alter von acht Jahren besitzt bereits ein mobiles Telefon. Eltern wollen genau wissen, wo Sohn oder Tochter gerade sind. Telefonanbieter offerieren mit dem sogenannten »Tracking« eine Rundumüberwachung, Väter und Mütter fürchten, ihre Kinder allein auf der Straße oder im Park spielen zu lassen. Der Umkreis, in dem sich Kinder heute allein von zu Hause weg bewegen, schrumpft seit den Siebzigerjahren.

So gerät Kindheit zur Vorsichtsmaßnahme. Die »Kinderkommission« des deutschen Bundestags gab 2008 eine Mitteilung heraus, dass »60 Prozent der jährlich 209 000 Kinderunfälle im Haushalt vermeidbar« seien. Wie schön, dass bei uns immer jemand mitzählt. Kommissionschefin Miriam Gruß (FDP) forderte deshalb eine Helmpflicht beim Radfahren, ein europaweites Prüfsiegel für Spielzeug sowie Treppenschutzgitter und Fensterriegel in Wohnungen. Auch im Flugverkehr sollten Kinder besser berücksichtigt werden. Kindermenüs und Kinderspielzeug allein reichen nicht aus, spezielle Kindersitze müssten her.

Es gibt viel zu tun: Nach der Verwechslung eines Säuglings in einer Klinik in Saarlouis forderte der saarländische Gesundheitsminister Josef Hecken (CDU) eine Kennzeichnungspflicht für Babys. Der Name des Neugeborenen sollte mit einem speziellen Stift auf den Po oder den Fuß geschrieben werden. Als in England ein 15 Monate alter Junge in einem Gartenteich ertrank, forderten Journalisten und Politiker in einer Kampagne alle Eltern dazu auf, ihre Tümpel zuzuschütten.

Ich kenne zehnjährige Kinder, die mit ihren Freunden nicht allein im Wald spielen dürfen. Klettern Kinder auf einen Baum, würden die Eltern am liebsten mit einem Sprungtuch darunter stehen. Auf Mauern balancieren sie nur, wenn Mama die Hand hält. Kinder erleben kaum noch Herausforderungen. Sie erhalten keine Gelegenheit, über sich hinauszuwachsen, ihre Fähigkeiten unter Beweis zu stellen und schwierige Aufgaben zu meistern.

Eltern grübeln unentwegt, was sie ihren Kindern zumuten können. Nicht weit von meiner Wohnung lockt eine Eisbude; sie ist das Jahr über ein beliebter Treffpunkt für Kinder und Eltern. Hinter dem Café neigt sich ein kleiner Hang mit Büschen und Bäumen zu einem der vielen Kanäle in Hamburg. Wasser in Sicht, mit Enten drauf und Karpfen drin. Diese zarte Wildheit fordert die Kinder heraus. Sie verschwinden in der Böschung und spielen Verstecken. Oder wagen sich ans Ufer. Die Mütter rühren an einer viel befahrenen Straße ihre Löffel im Latte macchiato und schreien Alarm. »Seht ihr denn das Wasser nicht? Das ist zu gefährlich. Ihr fallt da hinein. Kommt sofort wieder her.« Die Kinder können sagen, was sie wollen, es nützt nichts. Traurig trotten sie aus der Gefahrenzone. Hocken am Straßenrand und atmen Feinstaub. Immerhin dürfen sie allein ein Eis bestellen. Und den Fahrradhelm absetzen. »Mama, können wir wenigstens auf den Bootssteg?« »Ja, wenn Papa dabei ist.«

In Österreich bewarb eine Sicherheitsfirma nach dem Bekanntwerden des Kampusch-Falls ihr »mobiles Alarmsystem«, ein handyähnliches Gerät für 290 Euro, das den Schulweg erfasst. Eine Art elektronische Fußfessel: Weichen die Kinder von einer vorher festgelegten Route ab, werden die Eltern über eine Kurzmitteilung aufs Handy benachrichtigt.

Angst lähmt, wenn sie das Leben bestimmt. Uns den Atem nimmt. Weit über die Hälfte der Eltern ist bereit, zugunsten von »Sicherheit« die Freiräume ihrer Kinder weiter einzuschränken. Das ergab 2006 eine forsa-Umfrage.

Angst fördert weltweit den Umsatz von Kindersicherungen. Techniker der US-Firma Applied Digital entwickelten einen kleinen Chip in Reiskorngröße; unter die Haut geschoben, ortet er über Satellit jede Position. Der Rektor einer Grundschule in Tokio genehmigte einen Feldversuch mit der sogenannten Radio Frequency Identification: Chips auf Schultaschen oder Büchern erlauben Eltern und Lehrern eine permanente Aufsicht. In Großbritannien verfolgen Eltern über Webcams, was sich gerade im Kindergarten tut. Die britische Regierung plant zudem die Einführung einer Unique Learner Number für Kinder und Jugendliche ab 14 Jahren. Unter dieser Nummer sollen in einer Zentraldatei alle je erworbenen Zeugnisnoten, Schulabschlüsse und andere Qualifikationen gespeichert und für künftige Arbeitgeber leichter abrufbar werden. Erkrankungen werden ebenso erfasst wie Schulverweise. Und mit einem babyblauen USB-Stick der amerikanischen Firma Solid Oak Software lassen sich auf dem Computer unbemerkt Überwachungsprogramme installieren. Diese Technik wurde 2002 zum ersten Mal bei der Jagd nach einem New Yorker Mafiosi angewendet.

Frühe Erfahrungen, späte Folgen

Aus Fürsorge ist Kontrolle geworden, aus Freiheit Bedrohung. Nichts aber drückt Kinder so sehr wie Desinteresse, Angst und Kontrollwahn. Wir Menschen merken uns jede Erfahrung, der Körper speichert jede Wahrnehmung. Bewusst können wir uns nicht an frühe Störungen erinnern. Aber immer dann, wenn wir in Angst und Stress geraten, tritt ins Bewusstsein, was einmal war. Unter Stress kommt es zum Rückgriff auf ältere Bewältigungsstrategien. Sobald uns die Angst packt, übernimmt der Hypothalamus, das wichtigste Steuerzentrum im Gehirn, das Kommando. Der Blutdruck steigt, wir atmen schneller. Hormone und Zucker werden ausgeschüttet, wir werden wachsamer und können schneller handeln. Wir sind besser in der Lage, auf Gefahren zu reagieren oder sie zu vermeiden.

Das Unbewusste entscheidet über den Grad des Wohlbefindens oder der Angst: Es bestimmt 90 Prozent unseres Handelns. Jedes erlebte Geschehen und das damit verbundene Gefühl ist mit einer körperlichen Reaktion gekoppelt. Jede Art von Verunsicherung, von Angst und Druck erzeugt im Gehirn Unruhe und Erregung. Wir ahnen das, wenn wir sagen: »Mein Puls rast. Mein Herz hüpft vor Freude. Uns steht der Schweiß auf der Stirn. Wir lassen die Schultern hängen. Uns schlottern die Knie. Das Wort Emotion ist vom lateinischen »movere« abgeleitet, was so viel wie »bewegen« heißt, aber auch »ergriffen sein« bedeutet. Wir sagen ja auch, dass wir ergriffen und bewegt sind. Wer als dreijähriges Kind einen Wohnungsbrand überlebt hat, wird als Erwachsener offenes Feuer wahrscheinlich nicht ertragen. Die kleinste Spannung reaktiviert das Trauma.

Wie sehr elterliches Verhalten und die Stimmung von Müttern und Vätern die Entwicklung ihrer Kinder beeinflussen, zeigt eine Untersuchung dänischer Wissenschaftler. Sie fanden heraus, dass zum Beispiel trauernde Mütter ihr Ungeborenes enorm belasten. Die Mediziner werteten die Daten von 1,4 Millionen Frauen aus dem Geburten- und Krankenregister aus. 37 000 von ihnen hatten vor oder während der Schwangerschaft den Tod oder die schwere Erkrankung eines nahen Verwandten erlebt. Starb der Verwandte innerhalb der ersten drei Schwangerschaftsmonate, erhöhte dies die Wahrscheinlichkeit, dass ihr Kind später an Schizophrenie erkrankte, um 67 Prozent. Auch die Kinder holländischer Mütter, die den Zweiten Weltkrieg erlebt und im Mai 1940 beim Einmarsch der deutschen Truppen Angst und Schrecken empfunden hatten, erkrankten Jahrzehnte später häufig an Diabetes, Bluthochdruck und Schizophrenie.

Das unreife und sich schnell entwickelnde Gehirn eines Ungeborenen ist extrem anfällig für Schädigungen. Was die Mutter belastet, beeinflusst ihr Denken: Das Gehirn setzt Substanzen frei, die über die Blutbahn das Gehirn des Ungeborenen erreichen. Dass traumatische Erlebnisse kurz vor, während und nach der Geburt einen Menschen sein Leben lang begleiten, gilt unter Neurologen mittlerweile als unumstritten.

Bei Babys löst das Gefühl von Unsicherheit die Furcht aus, wieder verlassen zu werden und allein zu bleiben. Es ist die Angst vor dem Tod, die sie um ihr Leben schreien lässt, Minuten, Stunden, Tage. In diesen Momenten verwenden sie eine ungeheure Energie darauf, Aufmerksamkeit zu erringen. Verdauungsprobleme können die ersten Anzeichen von Stress sein; jede Dauerbelastung erhöht das Krankheitsrisiko. Wer früh viel Stress erlebt hat, wird ihn später nicht mehr ertragen: In ihrer Kindheit gestresste Menschen schütten in heiklen Situationen sechsmal so viel Stresshormone aus wie andere, die unbeschwert aufgewachsen sind.

Und diese frühe Erfahrungen beeinflussen dann auch das spätere Verhalten. Wer als Kind geschlagen wurde, wird sich gemerkt haben, dass man mit Gewalt auf Probleme reagieren kann. Der Körper hat die Erfahrung gespeichert, Zorn nicht mit Worten auszudrücken. Als Jugendlicher wird ein solcher Mensch eher um sich schlagen, wenn er sich beleidigt oder erniedrigt fühlt, und häufiger unter Angststörungen oder Unsicherheit im Umgang mit anderen Menschen leiden. Eine über »die bereits vorhandenen Möglichkeiten hinausgehende Fortentwicklung der eigenen Fähigkeit zur Integration, Bewertung und Filterung komplexer Wahrnehmungen wird so nicht gelingen«, sagt der Neurologe Gerald Hüther. Das Frontalhirn mit seinen feinen Lappen macht den Menschen zum Menschen und unterscheidet ihn vom Tier. Alles, was dort passiert, ist außerordentlich filigran und komplex: Hier wohnt die schwierige Kunst der Selbstbeherrschung und das Vermögen, sich in andere Personen hineinzuversetzen. Die Leitungen in diesem Raum brechen sofort zusammen, wenn wir irritiert sind oder unter Druck stehen. Dann sind wir erregt, wissen nicht, was zu tun ist, werden nervös, reagieren über.

Dass Eltern um ihre Kinder Angst haben, ist natürlich. Wir wissen, wie verletzlich das Leben ist. Welche Gefahren lauern. Angst gehört zur Elternliebe. Angst zählt zu unseren ältesten Gefühlen. Ohne Angst hätten es die Menschen nicht weit gebracht. Sie sichert das Überleben. Die Auseinandersetzung mit der Angst ist ein wichtiger Moment in der Entwicklung eines Menschen. Nur wenn Eltern ihre Kinder mit Angst konfrontieren, kann sie benannt und bewältigt werden. Der österreichische Kinderpsychologe Bruno Bettelheim erkannte als einer der ersten die Bedeutung vom Gruseln in

Kindermärchen. Das Gruseln, sagt Bettelheim, bereite die erste Auseinandersetzung mit dem Tod vor, ohne die niemand zu einem vollen Menschen heranreifen könne. Sich das Schlimmste vorzustellen, wird dann erträglich, wenn die Eltern die Kinder mit ihren Sorgen nicht allein lassen. Kinder brauchen die Bestätigung, dass sie große Angst gehabt haben. Eltern sollten Kindern ihre Angst nicht ausreden. Aber ihnen auch keine einreden.

Locker bleiben und Pillen schlucken

Mediziner staunen immer wieder, wie wenig Eltern über die wahren Ängste ihrer Kinder wissen. Ein Junge sagte mir einmal: »Wenn die mich fragen, wie es mir geht, sage ich denen immer, das wisst ihr doch. Aber ich wünsche mir so sehr, dass sie mal richtig nachfragen. Wirklich was wissen wollen. Und nicht einfach sagen: Heute bist du nicht so gut drauf, stimmt's?« Beiläufiges Abfragen, Standardsätze und aufreibende oberflächliche Beziehungen: Kinder werden darüber krank.

Sie bekommen keinen Zugang zu ihren Gefühlen, weil sie sich selbst überlassen sind. Sie lernen, sich von Anfang an mit wenig abzufinden. Vater und Mutter sind vielleicht anwesend, aber nicht mit ihnen. In vielen Familien herrscht Oberflächlichkeit. Sie sollen funktionieren. Sie sind nicht Ruhepunkt und Rückzugsort, sondern kalte Heimat. Schon Säuglinge landen bei Ergotherapeuten, um sich selbst spüren zu lernen.

Diese Art von Bewegungstherapie genossen nach dem Zweiten Weltkrieg vor allem verletzte Soldaten.

In einer Untersuchung der Kölner Universitätsklinik sprachen Kinder und Jugendliche sechsmal häufiger von Sorgen und Problemen, als ihre Eltern vermuteten. Sie beklagten, perfekt sein zu müssen, und fürchteten, nicht genug Leistung zu bringen. Die größte Angst der Jungen und Mädchen bleibt, in der Schule zu versagen. Jedes dritte Kind fürchtet, dass sich seine Eltern trennen könnten. Mögen sich Väter und Mütter auch noch so sehr bemühen, ihren Kindern eine Scheidung behutsam beizubringen: Die Narbe bleibt. Kinder haben genug damit zu tun, groß zu werden und sich über die Jahre von ihren Eltern zu lösen; zwei Trennungen zugleich sind schwer zu verkraften. »Wir sehen immer mehr Kinder mit Trennungs- und Schulphobien, allgemeiner Scheu und Symptomen wie Übelkeit oder Einschlafstörungen«, sagt Professor Helmut Schulte-Markwort, Direktor der Kinder- und Jugendpsychiatrie am Hamburger Universitätsklinikum. Er spricht von einer »klinisch bedeutsamen Zunahme« krankhaft unsicherer Kinder und Jugendlicher. »Die unbeschwerte Kindheit«, sagt der Arzt, »ist ein Mythos.«

Nachrichten über den Krankenstand deutscher Kinder füllen die Spalten der Zeitungen: Krankheit Schulphobie: Immer mehr Schwänzer. Kinder unter Stress: Bleib locker-Kurs in Berlin. Kein Kinderspiel: Grundschüler mit Einschlafproblemen. Essstörungen: Immer mehr junge Menschen krank. Magersucht: Mehrzahl der Erkrankten unheilbar. Zappelphilipp und Traumsuse – Schlecht erzogen oder einfach nur anders?

Warnung: Immer mehr Kinder verhaltensauffällig. Teenager: Selbstmord Todesursache Nummer 2. Gesundheitsministerium: Zu viele Psycho-Pillen für Kinder.

In ihrem Buch »Die verweigerte Zukunft« schildern der argentinische Psychoanalytiker Miguel Benasayag und der französische Kinder- und Jugendpsychiater Gerard Schmitt, warum nicht die Kinder krank sind, »sondern die Gesellschaft, die sie in Therapie schickt«. »Für unsere Gesellschaft kommt es darauf an, sich auf zentrale Anliegen zu verständigen, auf konkrete Praktiken, die über die Begierden von Einzelpersonen und die daraus resultierenden Bedrohungen hinausgehen. Über Erziehung Kultur und Zivilisation zu fördern, hieß immer und heißt nach wie vor, soziale Bindungen und gedankliche Zusammenhänge herzustellen. Drohungen dagegen verschärfen das Problem nur, denn sie ziehen die mitmenschlichen Beziehungen auf allen Ebenen in Mitleidenschaft. Indem man die jungen Leute für die Welt von morgen ›wappnet‹, schützt man sie nicht, sondern billigt und konsolidiert im Gegenteil die Welt, vor der man sie angeblich schützen will.«

Kontrollierte Kindheit und ein Bravmacher

Wir schützen aber unsere Kinder nicht, wir schützen uns vor ihnen. Sie sind uns zu wild, zu aufgeregt, zu anstrengend, brachial und bewegungslustig. Und manchmal zu aggressiv; auch ein Wort, das heute nicht mehr gerne gehört wird, außer beim Bundesliga-Fußball. Aggressiv kommt vom lateinischen »aggredere« und bedeutet »herangehen, angreifen«. Das macht Angst, das schafft Verunsicherung, vor allem, wenn die Kinder aus dem Ruder laufen. Aber es gibt Pillen dagegen: Das Medikament der kontrollierten Kindheit heißt Ritalin. Dieser »Bravmacher« verändert den Stoffwechsel des Gehirns, es beruhigt die Eltern und stellt den Zappelphilipp ruhig. Die Pille erzwingt für eine gewisse Zeit ein gewünschtes Verhalten. Nach Angaben des Frankfurter Sigmund-Freud-Instituts stieg die Ritalin-Vergabe in den vergangenen zehn Jahren um das 270-Fache. In Deutschland werden 150 000 Kinder wegen »Aufmerksamkeitsstörung« und »Hyperaktivität« behandelt. 400 000 Kinder gelten als »verhaltensauffällig«. Eine Generation wird krank geschrieben.

Die Tablette ist eine Erfolggeschichte der amerikanischen Pharmaindustrie. Vor mehr als 20 Jahren wurden Eltern, Lehrer und Erzieher zum ersten Mal über die neue Kinderkrankheit unterrichtet. Immer mehr Kinder kämen mit den vielen Reizen nicht zurecht, könnten sich nicht konzentrieren und träumten vor sich hin. Sie seien nicht in Ordnung. Entsprächen nicht der Norm. Plötzlich geriet Unruhe zum Störfall. Aber »richtig eingestellt« könnten sie wieder funktionieren.

Dass sich unser Leben in einer Weise gewandelt hat, die Kindern kaum guttun, ist kaum der Nachfrage wert, »Aufmerksamkeitsstörung bleibt eine bequeme Diagnose«, sagt der Wiesbadener Psychologe Jochen Lendle. »Wenn ihre Kinder krank gemeldet werden, sind Eltern eher erleichtert; sie müssen nicht tiefer ergründen, warum es von der Norm abweicht. Ihre Erziehung gescheitert ist. Die Familienverhältnisse zerrüttet sind. Und innere Ängste Unruhe auslösen.«

Amerikanische Forscher wiesen nach, dass viele der sogenannten »aufmerksamkeitsgestörten Kinder« einfach nur mehr Zeit brauchen, um sich zu entwickeln. Ihr Gehirn reift drei Jahre später heran als das »normaler« Kinder. Auffällig groß ist die Verzögerung in den vorderen Bereichen des Hirns, in denen Aufmerksamkeit, planvolles Denken und Selbstkontrolle zu Hause sind. Auf der anderen Seite entwickeln sich jene Bereiche der Hirnrinde, welche die Muskeln steuern, etwas schneller. Das erklärt den unbändigen Bewegungsdrang. Drei von vier Kindern, stellten die Mediziner fest, wachsen mit der Zeit aus ihrer unruhigen Phase heraus. Warten aber will gelernt sein.

In einer Untersuchung von mehr als 5000 Frankfurter Kindergartenkindern bestätigten Jochen Lendle und seine Kollegen diese Annahme. Auffällige Kinder und ihre Eltern wurden intensiv betreut und beraten, anstatt mit Pillen beruhigt. »Wir konnten Aggressionen und Ängste deutlich abbauen«, sagt der Psychologe, »aber nicht den Bewegungsdrang. Weil wir vergessen haben, dass Kinder lebendig sind, wird aus Toben und Rennen schnell Hyperaktivität.« Auch Untersuchungen der Universität Bremen zeigen, dass 70 Prozent der Ritalin-Verordnungen überflüssig sind.

Mein Freund Lutz organisiert Ferienfreizeiten mit solchen Kindern. Er nimmt sich Zeit und setzt sich mit ihnen auseinander. Konfrontiert die Kinder mit ihren Wünschen und Erwartungen. Ermutigt sie, bei einmal getroffenen Entscheidungen zu bleiben. Wenn sie abends sagen, wir gehen morgen schwimmen, wird am nächsten Tag nicht wieder neu verhandelt. »Ich nehme dich ernst, also nimm auch mich ernst«, sagt Lutz dann. Ausreden lässt er nicht gelten, Stimmungsschwankungen werden nicht überdramatisiert. Nach nur zehn Tagen im Wald sind viele Eltern verwundert, wie verwandelt ihre Kinder zurückkehren. Manchmal sehen ihre Hausärzte keine Veranlassung mehr, Medikamente zu verschreiben. »Die Natur will, dass die Kinder sie selbst sind«, hat Jean-Jacques Rousseau gesagt.

Kinder wollen mit Anregungen gefüttert werden, schauen, riechen, schmecken, hören. Sie sind neugierig auf ihre Neugierde. Sie möchten nachahmen und vorpreschen, lieben und geliebt werden. Und groß werden in dem sicheren Gefühl, dass Vater und Mutter ihnen zutrauen, das Leben meistern zu können. Sie brauchen Eltern, die nicht hinter jede Ecke den Sensenmann lauern sehen. Hinter jedem Lebensmittel eine Allergie. Sie wollen Eltern, die ihnen zutrauen, sich mit sich selbst beschäftigen zu können. Und sie allein lassen mit ihren Geheimnissen. Das Leben, hat Charlie Chaplin gesagt, kann wunderbar sein, wenn du keine Angst davor hast.

Kindheit im Klassenzimmer

Humankapital und Bildungsrendite

Früher hieß es: Raus auf die Straße, spielen. Heute: Ab nach Hause, lernen. Viele Eltern betrachten Kindheit als Sprungbrett für die spätere Karriere. Kaum ist die Nabelschnur durchtrennt, beginnt der Wettlauf um die beste Startposition. Die Kinder sollen zum Lernen so früh wie möglich in den Kindergarten, so früh wie möglich in die Grundschule, so früh wie möglich aufs Gymnasium, so früh wie möglich studieren. Die Zukunft unseres Landes entscheidet sich in den Schulen. Bereits meine Lehrer bläuten mir ein, dass wir keine Bodenschätze besitzen. Unser Rohstoff heißt Bildung.

Bildung ist die wichtigste Produktionskraft in globalisierten Zeiten. Ökonomen setzen den Einfluss einer gelungenen Bildungspolitik mit einem halben Prozent mehr Wirtschaftswachstum gleich. Noch sind wir Exportweltmeister, aber Wohl und Wehe unseres Landes hängen daran, dass »Humankapital« genug »Bildungsrendite« abwirft. »Tatsächlich sind wir an einer Schwelle der Modernisierung des Kapitalismus angelangt«, schreibt Birger P. Priddat, Präsident der Privat-Universität Witten/Herdecke. »Wer seine Schulzeit oder sein Universitätsstudium als Investition in sein eigenes Kapital betrachtet, sieht seinen späteren Arbeitsweg als

Wiedergewinnung der Investitionen, als ›return of invest-ment‹, nunmehr nach einem völlig neuen Kriterium: mehr an Einkommen wiederzubekommen, als man in die Bildung investiert hat.« Der Volkswirt betrachtet Bildung als unter-nehmerische Entscheidung und plädiert für eine »Gesellschaft der Humankapitalisten«. Wir müssen uns wappnen, um den Wohlstand gegen den Rest der Welt zu behaupten. Gegen Fin-nen und Chinesen, Koreaner und Polen; die Inder nicht zu vergessen.

Vor hundert Jahren, als Magister Pausenhöfe zu Exerzier-plätzen beförderten und Klassenräume in Prügelstuben ver-wandelten, stand über den Portalen deutscher Schulen: »Du bist nicht auf Erden, um glücklich zu sein, sondern um deine Pflicht zu tun.« Deutschland verdankte seinen Aufstieg vom rückständigen Agrarstaat zu einer durchorganisierten Indus-trienation auch einem modernen Schulsystem. Dieser Vor-sprung ist längst dahin, seit über 30 Jahren hinkt die deutsche Bildungspolitik hinterher. Fast jede andere Industrienation in-vestiert mehr in das Wissen ihrer Kinder. Und in kaum einem Land sind die Bildungsausgaben derart ungerecht verteilt wie in Deutschland. Oberschüler lässt sich der Staat viel kosten, Grundschüler sind unterfinanziert. Für Kindergärten zahlen die Eltern selbst. Bildung aber ist ein Guthaben und kein Pas-sivposten in der Bilanz. In Dänemark studieren 57 und in Finnland 73 Prozent eines Jahrgangs; bei uns sind 42 von 100 Schülern studienberechtigt, aber nur 36 Prozent der Abitu-rienten drängt es an die Universität.

Nun blasen die deutschen Kultusminister zur Aufholjagd.

Bildung ist das Thema der Stunde. Mit der sogenannten G8-Reform wollen sie das Schulsystem für die Globalisierung fit machen und die Lerngeschwindigkeit steigern. Was für ein Zufall: Die Reform hat das gleiche Kürzel wie der Zusammenschluss der führenden Industrienationen. Weil die Absolventen deutscher Schulen und Universitäten im internationalen Vergleich zu alt sein sollen, verkürzten die Politiker unter dem Druck der Pisa-Tests die Gymnasialzeit von 13 auf 12 Jahre. Und verlängerten eine Schulform, die für den Vormittag konzipiert war, in den Nachmittag. Ohne jedoch – bloß keine Zeit verlieren – die Voraussetzungen dafür zu schaffen. Hastig wurden Keller geräumt und zu Speisesälen erklärt. Mit Fertigpizza und Brötchen, Fruchtsaft und Schoko-Croissants. Wenn mal skandinavische Pädagogen bei uns zu Besuch sind, wundern sie sich, was deutsche Schüler zu essen bekommen. Wenn sie etwas zu essen bekommen.

Die deutschen Schüler futtern Lernstoff. Sie werden mit Wissen gestopft. Schule ist zum Mastbetrieb geworden. Die Pennäler schaufeln Informationen in sich hinein und erbrechen sie später wieder. Um Platz zu schaffen für noch mehr. Zwei Drittel der Germanistikstudenten an bayerischen Universitäten scheiterten im Wintersemester 2006/2007 an Grammatikaufgaben, die laut Lehrplan bereits Fünftklässler beherrschen sollten. Man kann eben nicht alles behalten.

Neben jedem Studenten, sagt Carl-Helmut Wagemann, Professor für Hochschuldidaktik an der Technischen Universität Berlin, stehen mindestens zwei Wissenschaftler, die unentwegt neues Wissen auf das Förderband heben. »Da kommt keiner mehr mit.« Wagemann rechnete aus, dass ein angehender Ingenieur über 25 Stunden am Tag lernen müsste, um allen Anforderungen nachzukommen.

Was nun genau gelehrt werden soll in einer Zeit, in der sich das Wissen der Welt mit jeder Minute ins Unermessliche steigert, ist nicht mehr so ganz klar: Aber es muss in durchschnittlich 33 Wochenstunden geschehen. Das ist die Vorgabe, wie in einem Tarifvertrag. Unternehmer verlangen mehr Unterricht in Wirtschaft. Computerexperten wollen die Schüler fit machen für das Web 2.0, 3.0, 4.0. Köche möchten, dass die Kinder natürlichen Geschmack von naturidentischen Aromastoffen unterscheiden lernen. Es gibt so viel zu lernen, wo beginnen?

Täglich durchpflügen neue Konzepte die Bildungslandschaft. Politiker schlagen vor, wieder am Samstag zu unterrichten, das Pensum werde sonst nicht geschafft. Die saarländische Familienministerin Annegret Kramp-Karrenbauer (CDU), die Präsidentin der deutschen Kultusministerkonferenz, dachte laut darüber nach, Unterrichtsstunden vom Gymnasium auf die Grundschule zu übertragen und Stoff aus der fünften bereits in der vierten Klasse zu lehren. Auch die Lehrer werden kreativ, wie der Brief eines Hamburger Schuldirektors an die Eltern seiner Zehntklässler zeigt. Er bot gegen Bezahlung Nachhilfe am Wochenende an: »Bei nur drei Wochenstunden Mathematik und einem deutlich verdichteten Rahmenplan sehen die Mathematiklehrer kaum Möglichkeiten, in den regulären Unterrichtsstunden angemessen Aufgaben einzuüben und Themen zu wiederholen.« Deswegen sei die Teilnahme an einem Mathe-Training außerhalb der Schulzeit zu empfehlen.

In Bayern hat sich der Unterricht auf bis zu 36 Wochenstunden ausgedehnt; jeder fünfte Schüler braucht bereits in der dritten oder vierten Klasse Nachhilfe, damit der Sprung aufs »Turbogymnasium« gelingt. Eltern legen für Nachhilfe jährlich über drei Milliarden Euro hin. Aus Einser-Kindern in der Grundschule werden in der fünften Klasse Problemfälle. Im Klassen-Kampf gerät bereits ein »befriedigend« zum Beinbruch. Die körperliche Gewalt ist weitgehend abgeschafft, die seelische Gewalt nicht: Nach der bayerischen Schulordnung muss ein 14-jähriger Gymnasiast innerhalb eines Jahres mindestens 70-mal benotet werden.

Bewegen und verstehen

Gymnasiasten kommen heute, im Schnitt, auf eine Wochenarbeitszeit von bis zu 50 Stunden. Das ließe sich keine Gewerkschaft bieten. Lehrer und Eltern muten es den Kindern zu: Wird eine neue Schule besichtigt – es soll die beste und hellste und innovativste sein, in der in kurzer Zeit viel gelernt wird –, fragen sie nach Regeln und Disziplin. Nicht danach, wie Lernen stattfindet. »Unter Lernen«, heißt es im Internetlexikon »Wikipedia«, »versteht man den bewussten und unbewussten, individuellen oder kollektiven Erwerb von geistigen, körperlichen, sozialen Kenntnissen und Fertigkeiten oder Fähigkeiten. Lernen kann außerdem als ein Prozess der relativ stabilen Veränderung des Verhaltens, Denkens oder Fühlens aufgrund von Erfahrung oder neu gewonnen Einsichten und des Verständnisses (verarbeiteter Wahrnehmung der Umwelt oder Bewusstwerdung eigener Regungen) aufgefasst werden.«

Lernen ist mit Lust verknüpft. Dem »Aha-Effekt«, Einzelnes zu einem Ganzen zu fügen und die Dinge mit Kopf, Herz und Hand verstehen zu wollen. Wer unter Zwang ein Gedicht lernen muss, lernt nicht nur Verse, sondern auch, dass dies keinen Spaß macht und Versagen mit einer schlechten Note bestraft wird. Begreifen ist ein körperlicher Vorgang. Erst wenn Wissen verkörpert wird, kann Lernen gelingen. Vom Wortsinn bedeutet »lernen« so viel wie »einer Spur nachgehen« oder »schnüffeln«. Das klingt nicht nur spannender als »büffeln«, sondern verspricht auch Freiheit und Abenteuer. Wie aber sollen Kinder eine Fährte verfolgen, wenn ihre Zeit in 45-Minuten-Abständen getaktet ist? Auf jedes Fach ein neues folgt, ohne dass die Dinge in Ruhe zu Ende gedacht werden können? Erst Mathe, dann Deutsch, dann Chemie, dann Musik. Und das alles im Sitzen: Zum Durchatmen geht es zweimal am Tag auf einen öden, platten Hof, wo die Kleinen unter Aufsicht Kreise drehen. Wehe, sie rempeln sich an.

Dass Bewegung Lernen fördert, scheint nur für Erwachsene zu gelten; keine Woche vergeht, ohne dass sich Deutschlands Vorturner in den Medien über Sinn und Nutzen körperlicher Betätigung auslassen. Sie macht gute Laune und produziert beste Ideen. Ex-Außenminister Joschka Fischer entdeckte beim Trimmtrab den langen Weg zu sich selbst, immer mehr Männer und Frauen laufen Marathon. Sportausstatter melden von Jahr zu Jahr steigende Umsätze, Krankenkassen finanzieren Gymnastikkurse. Deutschland bewegt sich, nur in der Schule nicht. Jede vierte Sportstunde fällt aus, weil Lehrer oder Turnhallen fehlen. Eine rühmliche Ausnahme gibt es. In Freiburg im Breisgau eröffnete ein Sportverein, die »Freiburger Turnerschaft von 1844«, eine Grundschule und garantiert neben »bewegtem Unterricht« neun Stunden Sport die Woche.

Sportwissenschaftler der Karlsruher Universität untersuchten, in welchen Haltungen Deutschlands Kinder den Tag verbringen: Eine Stunde bewegen sie sich, neun Stunden liegen sie, neun Stunden sitzen sie, fünf Stunden verbringen sie im Stehen. Sich regen bringt Segen? In der Schule, diesem Hort »zwanghafter Kultur« (Immanuel Kant), jedenfalls nicht. Nach Angaben der Deutschen Gesellschaft für Sportmedizin haben sechs von zehn Kindern Haltungsschäden. Mehr als die Hälfte der Jungen und ein Drittel der Mädchen schafft es nicht, beim Vorbeugen mit ausgestreckten Armen den Boden zu erreichen. Nur noch zwei von drei Kindern sind in der Lage, zwei oder drei Schritte auf einem Balken rückwärts zu gehen. 86 Prozent von ihnen gelingt es nicht, eine Minute lang auf einem Bein zu stehen. Verbessert hat sich, durch ausdauerndes Computerspiel, die Feinmotorik der Finger.

Pauken statt Rabauken: Ob sich deutsche Schüler so an die Weltspitze büffeln, darf bezweifelt werden. Denn andere tun noch mehr. Auf Südkoreas Flughäfen herrscht Start- und

Landeverbot, wenn am Prüfungstag für die Top-Unis im Englischtest eine Übung zum Hörverständnis ansteht. Beamte und Angestellte gehen später zur Arbeit, damit es nicht zu Staus kommt und die Schüler den Termin verpassen. In keinem anderen Land der Welt verbringen Kinder mehr Zeit mit Lernen. Südkorea ist beim Pisa-Ranking auch deshalb weit vorn, weil drei von vier Oberschülern Nachhilfe bekommen. Die Eltern stecken ein Drittel ihres Einkommens in die Ausbildung der Kinder. Im Tigerstaat endet der Unterricht um neun Uhr abends, danach geht es zum Weiterbüffeln mit der U-Bahn nach Hause. Die Konkurrenz schläft nicht: Die Eltern gewöhnen ihre Kinder an vier Stunden Schlaf. Fünf sind schon zu viel. Auch bei uns sind viele Schüler morgens schon erschöpft. Wider besseres Wissen fängt der Unterricht zu früh an: Nicht wenige Kinder stehen vor ihren Eltern auf. Mediziner empfehlen die Verlegung des Unterrichtbeginns auf neun Uhr, weil die innere Uhr, von der heute so oft die Rede ist, der Schüler anders tickt. Die innere Uhr steuert die Funktionen des Körpers und reguliert die Hirnaktivität: Wer länger schläft, kann schneller lernen. Und wer sich vorher bewegt hat, behält besser. »Ich empfehle, die erste Schulstunde im Freien zu unterrichten«, sagt Till Roenneberg, Professor für Chronobiologie am Münchener Institut für Medizinische Psychologie. Das bringe Morgenmuffel auf Trab. Abends früher ins Bett zu gehen, helfe weniger. »Das Einschlafen hängt nicht nur davon ab, wie lange man schon wach ist oder wie müde man sich fühlt«, sagt der Arzt. »Auch wer erschöpft ist, braucht ein starkes Signal der inneren Uhr, damit er einschlafen kann.«

110

Nicht nur deshalb langweilen sich so viele Kinder in der Schule. Wissenschaftler der Universität Freiburg haben sich der Frage angenommen, wie das in unserer aufgeregten Zeit möglich sein kann. Sie registrierten bei Kindern über lange Zeit Puls, Blutdruck und Hautwiderstand. Die Resultate gaben Auskunft über das, was Mediziner »emotionale Erregtheit« nennen. Die Schüler meinten, sie hätten morgens schon Stress. Ihr Körper aber sagte das Gegenteil: Blutdruck und Puls gingen runter, emotional waren sie nicht bei der Sache. Die Messwerte bewegten sich erst nach der Schule. Als die Kinder zu Hause ihren Computer aufklappten. Das macht mehr Spaß. Wenn das virtuelle Leben spannender ist als die Wirklichkeit, können auch die Lehrer einpacken.

Von der Neugier zur Gleichgültigkeit

Mit sechs Jahren gehen fast alle Kinder noch gerne zur Schule. Im Alter von 13 Jahren findet nur noch einer von zehn Spaß daran. Wie Lehrer es schaffen, aus neugierigen Geschöpfen gleichgültige Notenjäger zu machen, bleibt das Geheimnis jeder Bildungsreform. Kinder kommen in die Schule als Fragezeichen. Und verlassen sie als Punkt. Nichts, sagt der holländische Biologe Midas Dekkers, steht sich gegenseitig so im Weg wie Kind und Unterricht, so wie er heute organisiert ist. »Einem Menschen über zehn noch eine Fremdsprache oder Biologie beibringen zu wollen, grenzt an Kindesmisshandlung. Die Weisheit, die Kinder früher mit dem Löffel gefressen hätten, müssen sie sich jetzt mühsam mit Messer und Gabel zu Munde führen. Es ist, als stecke ein sadistisches Komplott dahinter: Gerade dann, wenn die Kinder das Vermögen, eine Sprache wie von selber zu erlernen, endgültig verloren haben, erhalten sie auf der Schule Unterricht in Sprachen, die jetzt zu Recht Fremdsprachen genannt werden«, schreibt Dekkers in seinem Buch »Von Larven und Puppen«. Kinder solle man Fremdsprachen beibringen, solange sie dafür den Kopf noch frei haben, vor dem achten Lebensjahr. »Es müsste verboten werden, dass die Kindergärtnerinnen dieselbe Sprache sprechen wie die Mütter der Kinder. Es ist einfach jammerschade. Ein Kind müsste konstant zwei oder drei Sprachen ausgesetzt sein, dann würde es diese Sprachen müheloser und besser lernen als mit jedem noch so großzügigen Sprachenstipendium irgendwann später.«

Midas Dekkers schlägt vor, die Lehrpläne radikal zu entrümpeln: weniger Fächer, die aber dafür gründlich. »Also keine Literatur vor dem zwölften Lebensjahr, sondern stattdessen Musik. Der Unterricht für manche Fächer beginnt in vielen Fällen leider erst, wenn das Interesse daran bereits verschwunden ist. Diese Zeitverschiebung wird das Kind nie mehr aufholen können. Am schmerzlichsten tritt das bei der Biologie zutage. Nur in der Biologie ist das Kind ähnlich vorschulreif wie in der Sprache. Knirpse, die noch keine Gabel von einem Messer unterscheiden können, geschweige denn ein Dreieck von einem Kreis, deuten zielsicher auf die Bilder von Löwe, Tiger, Panda, Bär, Nashorn oder Nilpferd, wenn man sie danach fragt. Biologie haben Kinder mit der Muttermilch aufgesogen, und irgendwie leuchtet das auch ein. In der Zeit, als unsere Vorfahren noch mit nackten Ärschen durch die Wälder rannten, war, abgesehen von einer gewissen Verständigungsmöglichkeit, auch das Wissen über die verschiedenen Tierarten lebenswichtig. Kleine Kinder mussten wissen, welche Tiere gefährlich waren, sonst wurden sie nicht groß.«

Die deutschen Kinder haben von Büffeln die meiste Ahnung. Acht von zehn Kindern klagen über zu viele Hausaufgaben. »Warum Hausaufgaben?«, fragt mein Sohn. Ich weiß es nicht. Ist es eine Kapitulationserklärung, weil der Stoff sonst nicht zu packen ist? Oder eine Art Meinungsumfrage, ob verstanden wurde, was an der Tafel stand? Erziehungswissenschaftler der Technischen Universität Dresden stellten jedenfalls fest, dass Hausaufgaben nicht schlauer machen. »Gute Schüler werden dadurch nicht unbedingt besser«, sagt der Studienleiter Hans Gängler. Bei drei von vier Schülern bewirken Hausaufgaben keine bessere Note. »Und schlechte Schüler«, sagt der Professor, »begreifen durch bloßes Wiederholen noch lange nicht, was sie schon am Vormittag nicht richtig verstanden haben.« Auch ein Drittel der Lehrer bezweifelt den Nutzen.

Nicht für das Leben lernen wir

»Viele Kinder sind schlecht drauf«, sagt Hannah Karl aus Ladenburg bei Heidelberg. Die Gymnasiastin berichtet in der Schülerzeitung *Tempus* des Carl-Benz-Gymnasiums in Ladenburg über die Kindheit im Klassenzimmer: von Verwarnungen, Verboten, Strafen. Von Geburtstagen, die nur am Wochenende gefeiert werden können. Und Eltern, die auf noch mehr Hausaufgaben bestehen. »Von meinen fünf besten Freunden«, sagt Hannah, »kann ich mich nur noch mit zweien spontan verabreden. Die anderen kommen sich schon blöd vor, weil sie immer absagen müssen. Sie sollen für die Schule lernen.« Einem Freund habe die Mutter jetzt wegen schlechter Noten das Handballspiel verboten. Wenn Hannahs Großvater erzählt, dass er früher zum Spielen auf den Hof gegangen sei und immer Freude getroffen habe, sind das Geschichten wie aus einem anderen Land. »Mehr als drei Kinder sehe ich nach der Schule höchstens an einem Geburtstag«, sagt Hannah. Dass sie durch die Verkürzung der Schulzeit von 13 auf 12 Jahre noch schneller noch mehr lernen soll, macht sie wütend. »Mich interessiert nicht, ob ich ein Jahr jünger oder älter bin, wenn ich Abitur mache. Die Kindheit gibt es nur einmal.«

Die Erfahrung, nicht gut genug zu sein, machen immer mehr Kinder. In einer Studie des Marburger Entwicklungspsychologen Arnold Lohaus berichten 72 Prozent der befragten sieben- bis elfjährigen Kinder von Stresserlebnissen. Auch fürs Kranksein bleibt weniger Zeit. Heute kommen Kinder mit Fieber in den Unterricht, weil sie zu viel versäumen würden, wenn sie noch drei Tage nach dem Abklingen eines Infekts im Bett blieben. Oder zu Hause niemand ist, der sich um sie kümmert. Der frühere Gymnasiallehrer Fritz Reheis schreibt in seinem Buch »Bildung contra Turboschule«, 70 Prozent der Schüler hätten das Gefühl, auf ihre individuellen Zeitgefühle werde »manchmal«, »selten« oder »nie« Rücksicht genommen.

»Abrichten ist eine gute Methode«, sagt der Göttinger Neurologe Gerald Hüther ironisch. »Diesen Drill brauchte man im Maschinenzeitalter, als die Menschen ihre Bewegungen Automaten anpassen mussten.« Heute aber seien andere Fähigkeiten gefragt. »Die Wirtschaft sucht Leute, die nicht nur auswendig lernen können. Menschen mit einer niedrigen Frustrationstoleranz und dem inneren Gefühl, schon mal schwierige Aufgaben gemeistert zu haben.« Kooperation und Teamgeist sind die Arbeitsformen der Zukunft. Führungskräfte werden danach bewertet, ob sie in Unternehmen eine Kultur der Anerkennung, Ermutigung und Wertschätzung pflegen; »supportive leadership« sagen die Engländer dazu: anleiten und unterstützen. Deutsche Unternehmen investieren jährlich 15 Milliarden Euro in die Weiterbildung ihrer Leute, um mehr »emotionales Kapital« zu schaffen. Wissen allein genügt nicht: Man muss auch in der Lage sein, es mit anderen zu teilen. Das Schul-Wissen aber wird gebündelt, wie man Altpapier zu einem Päckchen schnürt.

Kopfnoten und Wegwerf-Wissen

Vor 30 Jahren abgeschafft, gibt es heute wieder Kopfnoten. Das klingt nach Steckbrief. Beurteilt werden Zuverlässigkeit, Fleiß, Betragen, Verantwortungsbereitschaft und Disziplin. Wirtschaftsverbände hatten ihre Einführung gefordert.

Wer sich schon in der Schule nicht unterordnet, wird auch später zum Problem, das ist die Logik. Ein Blick aufs Zeugnis genügt, und ein Bewerber ist abgelehnt.

Kopfnoten sind überflüssig wie ein Kropf. Welche Vorstellung von Verantwortung wird Schülern eingetrichtert, wenn ihnen verboten wird, schwächere Klassenkameraden bei einer Arbeit abschreiben zu lassen? In jedem guten Geschichtsunterricht erfahren Schüler, dass wir Menschen so weit gekommen sind, weil wir uns gegenseitig unterstützt haben. Wer aber in der Schule anderen hilft, den bestraft der Lehrer.

Gutes Benehmen gefährdet die Versetzung. Schule fördert nicht Hilfsbereitschaft, sondern die Rücksichtslosigkeit, so viel wie möglich für sich zu behalten. Was Kinder jenseits vom Wegwerf-Wissen lernen könnten, darüber wird kaum gestritten. Ist Mitgefühl ein Unterrichtsziel? Rücksichtnahme? Respekt? Spaß am Leben? Die Entdeckung der eigenen Talente? Sich richtig streiten lernen? Niederlagen ertragen? Es zählen Ergebnisse, nicht Erfahrungen. Wohlformulierte Sätze klingen wie Hohn. Zum Beispiel Artikel 7, Absatz 4 des bayerischen »Erziehungs- und Unterrichtsgesetzes«. Darin heißt es, die Schule solle »Herz- und Charakterbildung« fördern. »Alles Wahre, Gute, Schöne.« Gegenwart und Zukunft des Kindes müssten gleichermaßen berücksichtigt und insbesondere dem »Recht auf Kinder sein dürfen« ein angemessener Raum gewährt werden. In einer Atmosphäre des Vertrauens, der Anerkennung und der Lebensfreude sollen die Kinder Selbstwertgefühl, Eigenverantwortung und eine »bejahende

Lebenseinstellung aufbauen und lernen, die eigene Person und die Person des anderen anzunehmen«.

Schön gebrüllt, bayerischer Löwe. »Schulen«, sagt die Wiesbadener Pädagogikprofessorin Marianne Gronemeyer, »sind Lernverhinderungsanstalten. Man fragt nicht nach den Menschen in diesen Einrichtungen, und ob die dort geltende Ordnung für diese Menschen gut sein könne. Sondern man fragt nur noch danach, wie diese Menschen gut sein können für die Institutionen, für das Reglement, das in ihnen gilt. Wenn ich gefragt würde, wo ich der Bildung eine Chance gebe, würde ich sagen: außerhalb der Institutionen. Rausgehen!« Die Gelegenheiten für Erfahrungen außerhalb der Schule aber werden knapp. Baumhäuser bauen, Feuer machen, Freunde treffen. Herumspinnen, abhängen, runterkommen: Dafür fehlt die Zeit. Ein Hamburger Gymnasium bietet dafür »Atemübungen gegen Schulstress«. Na prima.

Das wenige, was ich im Leben gelernt habe, eignete ich mir nach der Schule an. Auf Reisen, bei Sport und Spiel, in der Auseinandersetzung mit Freunden und in Jugendgruppen. Was man wirklich braucht, lernte ich nicht im Unterricht: weder kochen noch die Kunst der freien Rede, weder den Umgang mit Emotionen noch mit Aggressionen. Ich lernte nicht, darauf zu achten, was mir guttut und was nicht. Ich lernte, Menschen nach Noten zu beurteilen. Ein Mitschüler war schlecht in der Schule, aber gut im Sport. Auf dem Fußballfeld war er der Souverän, aber mein Bild von ihm war das eines Versagers.

Die Schule lehrt nicht, sich und andere besser zu begreifen;

wichtig allein ist, versetzt zu werden. Einen Stuhl weiterzu-
rücken. In der Grundschule war ich einer der Besten. Ich war
stolz darauf, aufs Gymnasium gehen zu dürfen. In der fünften
Klasse aber war ich schon zu Beginn am Ende. Ich kam nicht
mit. Ich verdanke es meinem Grundschullehrer, dass ich nicht
verzweifelte. Er hatte mich für die »höhere Schule« empfohlen und paukte mit mir Latein. Kostenlos. Zwei Jahre lang, bis
ich mich beruhigt hatte. Danach half mir mein Freund Axel
Fillers, der beste Lateinschüler bei uns. Ich lernte zu schum-
meln, zu pfuschen und zu mogeln und schrieb bei Klassenarbeiten vom Primus ab. Als ich nur noch sehr gute Noten
nach Hause brachte, wurden sie mir peinlich. Ich setzte mich
weiter weg und rückte die Verhältnisse zurecht. Es reichte, mit
Ach und Krach, fürs Große Latinum. Behalten habe ich kaum
was. Ich kenne noch das lateinische Wort für Esel, und so hat
man uns Schüler auch behandelt.

Ich ärgere mich heute noch darüber, dass phantasielose
Philister meine Schulzeit bestimmten. Sie waren unbeweg-
lich im Denken und starr in ihrer Haltung. Heute weiß ich,
dass es bereits in der Weimarer Republik über 200 Reform-
schulen gab. Der Lehrer Berthold Otto gründete 1906 in Berlin seine Schule des »angstfreien Lernens«. Unterricht an
runden Tischen verstand er als Erweiterung des familiären
Tischgesprächs. Es gab keine Zwangsthemen, keine Verset-
zungen und kein Sitzenbleiben. Überall entstanden »Arbeits-
schulen«, wo Kinder handwerkliche Fähigkeiten erlernten.
1921 startete der englische Pädagoge Alexander Sutherland
Neill auf einem Hügel das antiautoritäre Schulprojekt Sum-

merhill. »Ich wollte wenigstens ein paar Kinder glücklich machen«, hat er später gesagt.

Und auch heute gibt es solche Versuche. An einer Schule in Wien zum Beispiel verteilen Lehrer keine Noten, und die Klassen werden nicht durchnummeriert. Sie heißt »W@lz« und ermöglicht Kindern Lebenserfahrungen, wie sie Handwerksgesellen auf der Reise machen. Die Schüler sind zehn Wochen im Jahr unterwegs, um außerhalb der Schule zu lernen. Das neunte Schuljahr verbringen sie auf Bauernhöfen, bei Förstern und Handwerkern. Die Tippelschüler übernachten im Freien und fällen Bäume, schichten Feuer und lernen, fremde Menschen um Hilfe zu bitten. Sie machen Musik und spielen Theater. Der Spaß kostet 8000 Euro im Jahr. Die Kinder sind begeistert »über die geilste Schule, die es gibt«. Und auch bei uns findet man immer mehr sogenannte Laborschulen, welche die Unterrichtsanstalt zum Lebensraum befördern wollen. Vor diesen Projekten stehen Eltern und Schüler Schlange: sie sind die Ausnahme, nicht die Regel.

Wer es sich leisten kann, spendiert seinem Kind eine Privatschule. Die rasch wachsende Bildungsindustrie profitiert vom Stillstand im staatlichen Erziehungssystem. Daran wird sich trotz gelegentlicher Reformen »wohl erst in zehn Jahren etwas ändern«, sagt Gerd Schäfer, Professor für frühkindliche Pädagogik an der Universität in Köln.

Bei uns hat sich längst eine Parallelgesellschaft etabliert: Der Anteil privater Schulen verdoppelte sich in den vergangenen zehn Jahren, das Brain-Business boomt. Die Wartelisten sind lang. 20 Prozent der Eltern würden ihrem Kind gern diese Erfahrung gönnen. Die Schulen liegen an Seen und auf Hügeln, die Schüler lernen in Schlössern und prachtvollen Villen. Sie dürfen entdecken, erfinden, erforschen: Da macht Lernen Laune. Die Klassen sind klein, ein Lehrer kümmert sich um zwölf Schüler. Die Privatlerner erledigen Hausaufgaben in der Schule und haben Zeit für Hobbys. Für Segeln und Surfen, Reiten und Rudern, Fußball und Faulenzen. Sich von Lehrermangel und Bildungsmisere frei zu kaufen, kostet 500 bis 1 000 Euro im Monat. Wer im Jahr 30 000 Euro übrig hat, schickt sein Kind auf ein Elite-Internat wie Schloss Salem am Bodensee: Ein Aufnahmetest ist da nicht mehr nötig. Hier macht Geld allein schon glücklich.

Unsere Gesellschaft kennt ein Unten und ein Oben, aber tut so, als ob alle die gleichen Möglichkeiten hätten. Die Bildungschancen vieler Kinder aber hängen immer mehr von der finanziellen Situation ihrer Eltern ab. Bereits jeder dritte Schüler kommt nicht mehr ohne Nachhilfe aus und zahlt dafür 70 bis 150 Euro im Monat. Nach Angaben des Deutschen Studentenwerks schaffen 83 von 100 Akademikerkindern das Abitur, aber nur 23 von 100 Arbeiterkindern. Von 100 Akademikerkindern gehen 80 auf die Universität, von 100 Arbeiterkindern nur 20. So wird Bildung zum Privileg.

Arme Kinder sind arm dran

Kinder aus armen Familien werden eher verwahrt als gefördert. Sie kommen nicht in die Schule, um zu lernen. Sie wollen sich die Zeit vertreiben. Ein Freund von mir war Deutsch-
lehrer auf einer Gesamtschule im Rheinland. Ich habe ihn
ein paar Tage lang begleitet. 950 Schüler aus 20 Nationen, 76
Pädagogen, Ganztagsbetreuung. Mensa, Theater AG, Kicker-
raum, Selbstsicherheitstraining, Schulbibliothek. Engagierte
Lehrer, sogar sechs mehr, als der Stellenplan vorschreibt. Herr
Studienrat Detthard Martschinke steht an der Tafel. Er hat
sich vorgenommen, seiner fünften Klasse Wie-Wörter zu erklären. Jede Stunde nimmt er sich etwas vor, es kommt oft
anders. Die einen setzen ihre Baseballkappen nicht ab, die
anderen lärmen. Detthard Martschinke zählt laut bis drei. Wer
dann noch stört, muss für fünf Minuten vor die Tür.

Läuft es gut, sind zehn Minuten Lernen drin. Der Rest der
Schulstunde geht dafür drauf, um diese zehn Minuten zu
kämpfen. Dass die Kinder still sitzen. Auf den Stühlen, nicht
auf den Tischen. Den Nebenmann in Ruhe lassen. Nicht auf
die Toilette gehen wollen. Und nicht jede Minute fragen, wann
es endlich schellt. »Die machen das Gegenteil von dem, was
du sagst«, sagt mein Freund. Er fühlt sich nach acht Stunden
Schule wie ein Boxer nach zwölf Runden. Fertig.

Immer mehr Lehrer beklagen Lärm, Ungehorsam und
Respektlosigkeit. Ihre Schüler können sich nicht konzentrieren und arbeiten nur mit, wenn sie gerade nicht an etwas anderes denken. Einige sind nicht einmal in der Lage, ihre Bücher

aus dem Ranzen zu holen. Der frühere Traumberuf wird zum Horrorjob, wenn die Kinder ihre Aggressionen nicht mehr im Griff haben. An einer Hamburger Gesamtschule schlug ein Elfjähriger seine Lehrerin mit der Faust nieder. Der Junge hatte sich zuvor in aller Ruhe die Jacke ausgezogen und die Ärmel hochgekrempelt. An einer Wuppertaler Berufsschule brach ein Schüler einem Sozialarbeiter das Nasenbein, weil der ihn aufgefordert hatte, seine Unterlagen ordentlich zu sortieren. In Stuttgart schockte ein Realschüler seine Lehrerin mit der Drohung, er werde sie am nächsten Tag erschießen. Die meisten Attacken werden nicht gemeldet, aus Furcht, einen »guten Ruf« zu verlieren. Als im baden-württembergischen Heidenheim ein Realschüler seine Lehrerin mit einem Küchenmesser attackierte und am Rücken verletzte, wurde der 14-Jährige von der Schule geworfen. Die Lehrerin ließ sich beurlauben, und der Schulleiter war froh, dass gleich nach dem »Vorfall« die Sommerferien begannen.

Gewalt an Schulen ist ein Tabuthema. Über ein Drittel der Gymnasiasten, das ergab eine Studie der Katholischen Universität Eichstätt, sei verbal aggressiv, mobbe, beleidige und beschäme seine Mitschüler. Eine Untersuchung der Universität Erlangen-Nürnberg für das Bundeskriminalamt stellte fest, dass bereits jeder dritte Junge in der Schule einen Mitschüler geschlagen oder getreten habe.

Es ist schwer, die Zahlen zu werten, denn in Deutschland gibt es noch keine flächendeckende Untersuchung. In der Öffentlichkeit wird die Zunahme von Gewalt mit großen Schlagzeilen thematisiert, Wissenschaftler aber halten sich mit einer

Bewertung zurück. »In Studien zur Gewalt wird oft ein sehr weiter Gewaltbegriff benutzt, der auch soziale Ausgrenzung, fortgesetztes Schikanieren und zum Teil sogar Beleidigungen umfasst«, sagt Frank Robertz, wissenschaftlicher Leiter des Instituts für Gewaltprävention und angewandte Kriminologie in Berlin. »So kommt eine Untersuchung zu dem Ergebnis, dass mehr als 90 Prozent unserer Schüler Gewalt anwenden, selbst wenn die Jugendlichen lediglich angekreuzt haben, dass sie auch mal jemanden an der Schule beleidigt haben.« Allerdings beobachtet der Kriminologe bei den Schülern zwischen zehn und zwölf Jahren eine steigende Gewaltbereitschaft, bei jüngeren Jugendlichen aber einen leichten und bei älteren Schülern einen deutlichen Rückgang. »Wir wissen, dass Gewaltausbrüche dann seltener werden, wenn Menschen das Gefühl haben, sich in einem halbwegs ausgeglichenen Verhältnis von ausgeübter und ausübender Kontrolle zu befinden«, sagt Frank Robertz. »Dabei ist auch das Vermögen wichtig, Kränkungen wegstecken zu können. Zudem ist die Möglichkeit, Anerkennung zu bekommen und soziale Kontakte zu pflegen, ein wichtiger Faktor. Wenn Menschen sehr stark unter Kontrolle stehen und viele Kränkungen erfahren, können sich die meisten herausretten, indem sie sich in schöne Situationen träumen. Oder auch in Gewaltphantasien. Sie haben die sinnvolle Funktion, den Menschen von psychischem Druck zu entlasten. Besonders in der Pubertät sind Gewaltphantasien in normalen Umfang natürlich und gesund. So bauen sie Frustrationen ab.«

Fordernde Schüler, überforderte Lehrer

Der Beruf des Lehrers hat sich in den letzten Jahren dramatisch verändert, seine Ausbildung nicht. Studenten quälen sich an der Uni durch Shakespeare und Droste-Hülshoff, ohne Methoden zur Bewältigung von Mobbing, Erpressung und Gewalt zu lernen. Nach dem Schulmassaker von Erfurt 2002, als der Gymnasiast Robert Steinhäuser 16 Menschen erschoss, probierten einige Lehrer in Selbstverteidigungskursen, wie man Angreifern entgegentritt. Sie sind nicht dafür ausgebildet, was zu tun ist, wenn sie vor einer Klasse von 28 Kindern stehen, in der fünf sich streiten, zehn gar nicht merken, dass der Unterricht angefangen hat, zwei durch die Klasse rennen und einer kurz davor ist, aus dem Fenster zu springen. Niemand bereitet sie auf die Wut der Schüler vor. Dass Pädagogen heute zum Beispiel mit aggressiven Jungen zu kämpfen haben, die ihre Kräfte an ihnen messen, weil zu Hause der Vater fehlt. Die ihre Grenzen im Sportunterricht ausloten und so etwas wie Wissensvermittlung nicht einmal im Ansatz zulassen. Diese Kinder sehnen sich nach einem Menschen, der sie liebt! Und sie nimmt, wie sie sind.

Lehrer sind oft die Letzten, die sich noch um die Kinder kümmern und dem Elend ins Gesicht sehen. Die meisten Pädagogen sind Schwerstarbeiter. Gesamtschullehrer investieren durchschnittlich 50 bis 60 Stunden die Woche in ihren Beruf. Die Erzieher fühlen sich überfordert. Und beklagen mangelnde Anerkennung. »Je höher und damit unrealistischer die Ansprüche, umso schlimmer der Absturz in die Wirklichkeit«, sagt Professor Joachim Bauer von der Universitäts-klinik Freiburg. Er hat die Belastungen der Lehrer unter-sucht. Der Spaß, anderen etwas beizubringen, verkehre sich ins Gegenteil, wenn die Würdigung ausbleibt. Hinzu komme ein Tunnelblick. Lehrer sind Einzelkämpfer. »Coachen ist in der Industrie ein Privileg«, sagt der Internist und Psychiater, »aber viele Lehrer meinen, es sei eine Schande, sich helfen zu lassen.« Irgendwann werde aus Hilflosigkeit dann eine kaum verhohlene Aggression. »Da sitzt montags so eine dumpfe, verrohte Masse vor dir«, sagt eine Gesamtschulleh-rerin, »noch erschöpft vom Kampfsaufen am Wochenende, und glotzt nur vor sich hin. Wie soll man mit denen Unterricht machen?«

Die Pisa-Studie hat nicht nur die Schwächen der Schü-ler, sondern auch die ihrer Lehrer offengelegt. Mehr als die Hälfte der Schüler beklagt, dass sich ihr Lehrer nicht für ihr Fortkommen interessiere. Der erste »Bildungsbericht für Deutschland«, den das Deutsche Institut für Internationale Pädagogische Forschung 2003 vorlegte, kritisiert die »eng fixierte und traditionell geprägte Unterrichtskultur«.

Das Klima an deutschen Schulen zeichne sich durch ein »eher kühles Schüler-Lehrer-Verhältnis« aus. In einer inter-nationalen Lehrerstudie der Organisation für wirtschaftliche Zusammenarbeit und Entwicklung (OECD) gaben Experten dem deutschen System schlechte Noten. Es herrsche Plan-losigkeit und Stümpertum.

Dies beginne bei der Ausbildung. »Wer wird eigentlich Lehrer?«, lautete die provokante Frage der Wissenschaftler.

Die »Eignung für den Beruf« spiele wohl keine bedeutende Rolle. Niemand prüfe, wie belastbar die künftigen Pädagogen seien. Ein klares Berufsbild fehle, Anerkennung für besondere Leistungen gebe es nicht, die Karrieremöglichkeiten seien gering. Kein Kollegium müsse, wie in anderen Ländern üblich, gegenüber der Öffentlichkeit Rechenschaft ablegen. Engagierte Lehrer und reformwillige Schulleiter würden belächelt und durch ein »unflexibles System von Verwaltung und Besoldung« gegängelt.

Manche Lehrer gehen die Schule locker an, als Beamte sind sie für den Rest ihres Lebens abgesichert. Sie werden nicht daran gemessen, ob sich die Leistungen ihrer Schüler im Lauf der Jahre verbessern. Fortbildung ist oft dem einzelnen Lehrer überlassen, und das in einem Beruf, der Kinder und Jugendliche auf »lebenslanges Lernen« vorbereiten soll. Ein guter Lehrer, der sich bemüht, steht am Ende eines Schuljahres genauso da wie ein Lehrer, der Dienst nach Vorschrift schiebt. Wenn Schüler die Arbeit schlechter Lehrer thematisieren, ziehen diese beleidigt vors Gericht: So war es, als Kölner Studenten die Internetseite »Spickmich« ins Leben riefen, auf der Pädagogen bewertet werden.

Der deutsche Lehrer ist im Schnitt 47 Jahre alt, in Europa sind nur italienische Pädagogen älter. Mit durchschnittlich 55 Jahren gehen deutsche Lehrer in den Ruhestand, die Hälfte scheidet wegen psychischer und psychosomatischer Erkrankungen aus, wegen Depressionen, Angststörungen, chronischer Rückenschmerzen und Herzbeschwerden. Lediglich 15 von 100 bleiben bis zum gesetzlichen Pensionsalter.

Viele Lehrer erledigen gleichzeitig den Job eines Sozial-arbeiters, Psychologen und Erziehungsberaters. »Eigentlich«, sagt Detthard Martschinke, »werde ich als Therapeut bezahlt.« Er ist für viele Schüler die einzige Vaterfigur. Seine Schüler vertrauen ihm an, dass der neue Freund der Mutter um sich schlägt oder der große Bruder Drogen nimmt. Die Mutter mit den Nerven am Ende ist und sich um nichts mehr kümmert. »Ich könnte nach Schulschluss zehn Kinder mit nach Hause nehmen«, sagt der Studienrat. »Kindheit ist für viele eine ein-zige Katastrophe.«

Und wird immer mehr zu einer Herausforderung für den Lehrkörper. »Lehrer müssen ihren Unterricht mehr auf die ein-zelnen Schüler ausrichten«, sagt Wolfgang Melzer, Erzie-hungswissenschaftler an der Technischen Universität Dresden. Er beteiligte sich an einer Untersuchung der Weltgesundheits-organisation zur Gesundheit von Schulkindern. Sie klagen am häufigsten über Kopfschmerzen und Schlafstörungen. Und darüber, sich nicht konzentrieren zu können. Eines von fünf Kindern ist zu sehr mit Problemen beschäftigt, als dass es dem Unterricht folgen kann. »Ein Schüler, der aggressiv oder depressiv ist, lernt nicht«, sagt Melzer. »Jugendliche brau-chen mehr Unterstützung, um den hohen Anforderungen ge-recht zu werden.« Nicht das Lernziel, sondern der Schüler müsse im Mittelpunkt stehen.

In Frankreich lockte ein Film darüber über Millionen Men-schen ins Kino. »Être et avoir«, der von »Sein und Haben« des Psychoanalytikers Erich Fromm inspirierte Titel, zeigt das Wirken eines Lehrers in einer Zwergschule in den Pyrenäen.

Der väterliche Pädagoge wartet jeden Morgen in einem alten Schulhaus auf »seine Kinder« aus den umliegenden Gehöften. Sie sind fröhlich und zufrieden, fühlen sich aufgehoben und verstanden. Ihr Lehrer nimmt sich die Zeit, auf ihre Bedürfnisse zu achten. Seine Schlüsselworte sind Liebe, Achtung und Respekt. So einfach und so schwer.

In Deutschland wurden kleine Schulen in den 1960er- und 70er-Jahren geschlossen. Das war ein großer Fehler. Von kleineren Klassen profitieren ganz besonders leistungsschwache Schüler und Kinder aus sozial benachteiligten Familien, wie die amerikanische »Star«-Studie über die Abhängigkeit des Lernerfolgs von der Klassengröße belegt.

Meister des Lebens

Große Klassen aber bleiben die Regel. In vielen Schulen teilen sich 34 Jungen und Mädchen einen Lehrer. Er wird daran gemessen, in einer bestimmten Zeit eine festgelegte Wissensmenge zu vermitteln. Nicht daran, ob er seinen Schülern Erfolgserlebnisse verschafft oder ihnen Lust aufs Lernen macht. Nach vier Grundschuljahren muss der Klassenlehrer dann den weiteren Lebensweg der ihm Anvertrauten bestimmen. Er soll sie sortieren: in Begabte und Unbegabte, Schnelle und Lahme, künftige Handwerker oder künftige Wissenschaftler. Aufs Gymnasium, an die Realschule, in die Hauptschule. Nach oben, in die Mitte, nach unten. Die Schüler haben sich einem System anzupassen, nicht umgekehrt.

Da waren große Pädagogen bereits im 17. Jahrhundert weiter. Der böhmische Gelehrte Johann Comenius, Namenspatron vieler deutscher Schulen, empfahl, »die Langsamen unter die Geschwinden, die Schwerfälligen unter die Wendigen, die Hartnäckigen unter die Folgsamen zu mischen. Wenn der Lehrer einen Begabteren entdeckt, so soll er ihm zwei oder drei Langsamere zum Belehren anvertrauen.«

Immer mehr Lehrer und Schüler wünschen sich Gemeinschaftsschulen, in denen das Miteinander und nicht das Gegeneinander geübt wird. Unser Land sähe anders aus, würden Kinder dies früh lernen. Die schwedische Reformpädagogin Ellen Key schrieb vor über hundert Jahren: »Die Zeit ruft nach Persönlichkeiten, aber die wird so lange vergeblich rufen, bis wir die Kinder als Persönlichkeiten leben und lernen lassen, ihnen gestatten, einen eigenen Willen zu haben, ihre eigenen Gedanken zu kennen, sich eigene Kenntnisse zu erarbeiten, sich eigene Urteile zu bilden; bis wir, mit einem Wort, aufhören, in den Schulen die Rohstoffe der Persönlichkeit zu ersticken, denen wir dann vergebens im Leben zu begegnen hoffen.«

Viele Genies kamen in der Schule nicht zurecht. Thomas Alpha Edison, Gründer des Global Players General Electric und Erfinder nicht nur der Glühbirne, war stets der Schlechteste in der Klasse. Albert Einstein hat »jede nur denkbare Bestrafung vorgezogen, statt Gebrabbel auswendig zu lernen«. Seine Schwester erzählte, er habe »nicht einmal im Rechnen in Hinblick auf Geschwindigkeit und Genauigkeit gute Leistungen erbracht, obwohl er durchaus zuverlässig und beharrlich war«. Für den Nobelpreisträger Thomas Mann war Schule »verdummend und unbefriedigend«, Englands Premierminister Winston Churchill ging eine Zeit lang in die Sonderschule: Er hatte sich geweigert, Mathematik und Latein zu lernen. Pablo Picasso (»Man braucht sehr lange, um jung zu werden«) wollte sich nie die Reihenfolge des Alphabets merken. Er verließ mit zehn Jahren die Schule, weil er sich gegen jeden Versuch zur Wehr setzte, irgendetwas anderes zu tun, als zu malen.

Ich habe auf dem Gymnasium das Fürchten gelernt. Wenn ich daran denke, fällt mir als Erstes meine Angst ein. Das Hirn verkoppelt negative Gefühle wie Verunsicherung oder Abwertung mit dem Ort, an dem dies geschieht. Und mit Personen, die Druck ausüben. Ich habe mir gemerkt, wie aufgeregt ich war, wenn der Mathematiklehrer die Klassenarbeiten zurückgab. Er begann mit den schlechtesten Arbeiten. Erst die Sechser. Dann die Fünfer. Dann kam ich. Fünf plus, meistens. Es war grauenvoll. Die Angst, im Abitur durchzufallen, sitzt mir noch heute in den Knochen.

Wir fürchten, dass unsere Kinder nicht genug lernen. Gelegenheiten versäumen. Wir werden aber nie alles wissen können. Der Computer kann das viel besser. Wer einen Suchbegriff eingibt, erinnert sich nach wenigen Minuten und unzähligen Querverweisen nicht mehr, auf welche Frage er eigentlich eine Antwort suchte. Wir können uns jederzeit mit Informationen versorgen; aber etwas zu wissen, bedeutet noch lange nicht, die Dinge zu verstehen. Die große Herausforderung besteht darin, Wissen zu sortieren, Zusammenhänge herzustellen und Zusammenhänge zu begreifen. Einen Blick zu bekommen für das große Ganze. Wählerisch zu werden, nicht wahllos.

Wir leben in einer Zeit des Überflusses und der Überproduktion, das Angebot übertrifft die Nachfrage. Die Förderpädagogik zielt auf den methodischen Erfolg. In der politischen Diskussion geht es um Geld und Ausstattung und die Berufstätigkeit der Eltern. Die Bedürfnisse des Kindes aber spielen keine Rolle. Kinder brauchen Zeit, um ihre Persönlichkeit zu entwickeln und ihre Gefühle zu erkunden. Unser Leben wird, ob wir wollen oder nicht, von Gefühlen bestimmt. Nur wer sich seiner selbst bewusst ist, wird das Leben meistern. Mir gehen oft einige Zeilen des Chansonniers Peter Horton durch den Kopf: »Wenn du in dir selber nicht zu Hause bist, bist du nirgendwo zu Haus.«

Kindheit in der virtuellen Welt

Papa ist ein Spielverderber

Ich könnte den ganzen Tag an der frischen Luft sein. Ich liebe den Wind und die Wolken. Scheint die Sonne, hält mich nichts mehr. Nach Feierabend schnappe ich mir den Fußball. Der liegt im Auto. Neben Federballschlägern und einem Kletterseil. Mein Wagen fährt auch ein Schlauchboot spazieren, für den Fall, dass ein Fluss vorbeikommt. Hinterm Haus steht eine Tischtennisplatte, im Keller ein Fahrrad. Ich bin gern draußen.

Kinder sind gern drin. Im Internet. Da kann man auch gut spielen. Kisten stapeln. Höhlen bauen. Um die Ecke denken. Kinder lieben Fernsehen. Pannenshows aus Amerika. Pannenshows aus Deutschland. »SpongeBob« und »Kim possible«. »Wissen macht ah!« und »Verliebt in Berlin«. Und Sendungen wie »Galileo« auf ProSieben, bei denen man etwas lernen kann. Zum Beispiel, ob es möglich ist, aus 100 Kilogramm Schweinefleisch und 30 Kilogramm Brot in einer Riesenpfanne die größte Frikadelle der Welt zu zaubern.

Mein Sohn würde gern eine Playstation besitzen. Oder eine PSP. Das ist etwas Ähnliches, nur tragbar: das P steht für Portable. Man kann das Ding überall mit hinnehmen, dafür ist es auch gedacht. Wenn Eltern heute unterwegs sind, haben Kinder das dabei.

Mein Sohn ist zehn Jahre alt. Wenn ich meinen Freund anrufe – er arbeitet beim Fernsehen –, unterhalten wir uns darüber, was die Kinder so machen. Sie sind ungefähr im gleichen Alter. Seine, sagt er, sitzen vor dem Computer. Er wundert sich ein bisschen, weil die Sonne scheint und man draußen noch Fußball spielen könnte, aber gut. Wenn die Hausaufgaben gemacht sind, gehen seine Jungs ins Internet und sind nicht mehr zu sprechen. Jedenfalls nicht für die Eltern.

Sie sind mit ihren Freunden unterwegs. Auf einer Website, die sich »Lokalisten« nennt. Das Netzwerk gibt es seit 2005, es gehört zu den am häufigsten angeklickten Seiten. Hier treffen sich alle nach der Schule. Reden über die Lehrer und Bayern München, die neuesten Witze von Stefan Raab oder blöde Mädchen. Oder lernen nette neue Leute kennen. Richtig cool ist »skypen«. Dabei kann man über Satellit die Kumpel auch noch sehen, obwohl sie gleich nebenan wohnen, und verabreden, sich am nächsten Tag im Schulbus mit dem Handy Fernsehausschnitte zu schicken, die man verpasst hat, weil man wieder viel zu früh ins Bett musste. Oder irrsinnige Geschichten zu tauschen, so etwas wie »Oma und Gewitter«. Das ist offenbar ein Originalmitschnitt einer Notrufnummer. Wenn nicht, ist das Tondokument gut gefälscht: Eine fast hundert Jahre alte Dame ruft bei der Polizei an und erkundigt sich, in welcher Stadt es in der Nacht geblitzt habe, sie mache sich Sorgen um ihre Tochter. Der anfangs geduldige Polizist lacht sich am Ende schlapp, die Kinder finden das »endgeil«, »richtig geil« und »voll funny« und »immer wieder hamma«. Das Internet ist voll mit diesen Sachen.

Ich sage meinem Sohn lieber nicht, was die Jungs meines Freundes alles dürfen. Er fühlt sich schon jetzt benachteiligt. Alle in seiner Klasse, sagt er, haben »was Elektronisches«: Ben hat einen iPod und einen Gameboy Advance, Lorenz einen Fernseher im Zimmer und Mike alles Mögliche. Lina darf vier Filme hintereinander gucken und Boris alle ab 18. Stephans Papa erlaubt noch viel mehr. Manchmal ruft mich mein Sohn von einem Freund aus an und sagt, er wolle »Starwars« sehen, die sechste Folge. Die sei nicht sehr brutal, aber erst frei ab 16. »Robin Hood« hätte ich ihm doch auch erlaubt, und da habe er sogar manchmal weggeguckt. Ich atme tief durch und sage nein. Ich habe keinen Überblick, wo wie viel Blut spritzt, und orientiere mich an den Empfehlungen der Jugendschützer. Oder den Angstzuständen eines Mitschülers. Er konnte einige Zeit nicht in die Schule gehen, weil er nach dem Konsum von »Fluch der Karibik« nicht mehr schlafen konnte. Mein Sohn freut sich darauf, älter zu werden, dann muss er mich nicht mehr fragen.

Ab und an ist er ein bisschen traurig, und ich bekomme ein schlechtes Gewissen. Ich will ihn nicht zum Außenseiter machen. Er schaut Fernsehen, surft im Internet, hört auf einem MP3-Player Musik. Aber alles in Maßen. Weil mich interessiert, was ihn und seine Freunde fasziniert, lade ich mich manchmal mit meinem Sohn in die Elektroabteilung eines Kaufhauses ein, und wir schauen uns gemeinsam die neuesten Zeitvertreiber an. Ich bitte den Verkäufer, ein Gerät einzuschalten und das Autorennen zu starten. Mein Sohn rast mit 300 Stundenkilometern gegen Mauern und Bäume. Nach zehn Sekunden ist der Wagen Schrott. Oder explodiert. Ich sage, das ist nicht normal, du hast nicht mal einen Führerschein. Er sagt, das ist nicht schlimm, so sind die Spiele eben. Dann legt er den Schalter um und fährt weiter. Ich frage mich, ob ich verblödet bin. Oder zu streng. Oder ein Spießer. Ich will nur eins: hier raus.

Weltraumschlachten mutet mir mein Sohn nicht zu; er versucht, mich eher mit sportlichen Aktivitäten zu begeistern. Ich bin mit Mitte 40 noch weit davon entfernt, Fußball per Joystick interessant zu finden. Ich weiß, es gibt genug Väter, die das mitmachen. Aber ich bin altes Europa: Entscheidend ist auf dem Platz. Und nur, weil ich meine Ruhe haben will, lade ich meinem Sohn auch nicht »Dr. Kawashimas Gehirnjogging« auf einen Gameboy, damit er pädagogisch wertvoll seine Cerebralen trainiert. Wenn schon keine Kompromisse, dann auch keine faulen.

Trommelfeuer aus allen Rohren

Es kostet Eltern heute einige Mühe, ihre Kinder vor dem Trommelfeuer der Maschinen in Deckung zu bringen. Sie werden mit Angeboten bombardiert und stehen von allen Seiten unter Beschuss: Ihr kriegt alles, ihr kriegt alles, und zwar sofort. Amerikanische Wissenschaftler prägten dafür den treffenden Begriff Rapid Fire Culture: Schnellfeuer-Kultur. Die neuesten Geschosse sind schon in Stellung gebracht, die digitale Revolution steht erst am Anfang. Wir werden bald Computer an jeder Ecke anschließen können und von jedem Ort jederzeit Informationen in unser Arbeits- oder Privatleben integrieren. Jedes Dokument, jedes Video, das wir erstellt, von dem wir gehört, was wir irgendwo gesehen haben, wird abrufbar sein. Mit einem Handy oder dem MP3-Player, einer tragbaren Minikonsole oder dem Fernseher.

Der israelische Computertechniker Dov Moran, Erfinder des USB-Sticks, will mit einem Minihandy eine bereits revolutionäre Technik weiter revolutionieren und das Telefon in Jacken integrieren; die Deutsche Telekom brütet über einem »Media Scout«, der alles sammelt, was gesendet wird oder gesendet werden kann. Was möglich ist, wird gemacht: Auf Handys kann man angeln. Und Nokia bringt eine Videobrille auf den Markt, die jedes Heimkino alt aussehen lässt. Die Filme laufen in einem gefühlten Abstand von drei Metern.

Unsere Aufmerksamkeit wird von allen Seiten beansprucht. Es lärmt in Supermärkten und Restaurants, Zugabteilen und Warteschleifen. In Talkshows wird gequasselt, worüber besser geschwiegen werden sollte. Radios senden Nachrichten mit Hintergrundgetöse, Handys klingeln wie Kettensägen. Weil der Alltag lauter wird, liefert die Industrie inzwischen auch Geräte gegen den Krach: »Sound Isolating Technology«. Das sind Kopfhörer mit Plastiklamellen fürs Innenohr. Damit still leben wieder möglich ist. Gleichzeitig arbeiten Techniker an Systemen, Daten in akustische Signale zu verwandeln. Reklameflächen sollen mittels »direktionalem Klang« Audiobotschaften senden. Wer an einer Werbetafel vorbeiläuft, wird bald persönlich begrüßt: »Na, heute schon Geld rausgehauen?«

Es hat in der Geschichte keine Generation gegeben, die so viele Botschaften gleichzeitig analysieren muss. Wir bloggen, chatten, mailen, shoppen. Und sind pausenlos damit beschäftigt, Informationen zu verarbeiten. Nie zuvor konnten wir unser Leben und unsere Beziehungen so individuell gestalten wie heute. Und mit anderen teilen, egal, wo sie wohnen. Glasfaserleitungen und Datenautobahnen verbinden jeden mit allem. Medienkenner Peter Glaser, Ehrenmitglied des Computer Chaos Club, schreibt in einem Aufsatz für das Gesellschaftsmagazin *Vanity Fair*: »Auf meinem Bildschirm leuchtet neben dem Fenster, in dem ich arbeite, ein weiteres kleines Fenster, in dem ich mich nebenher mit meinem Freund Tim unterhalte: Instant Messaging. In einem dritten Fenster läuft ein Spiel, in dem man ein rundliches Rennauto durch Vanilleeis und geschmolzene Schokolade steuern muss – was man halt so macht im 21. Jahrhundert. ›Ich dachte du wolltest nach sri lanka, alder?‹. ›ich finde keinen mitreisenden‹, sagt das kleine Fenster. ›bei friendster muss man freunde löschen, wenn man mehr als 1 000 hat. nimm doch einen gelöschten mit.‹ Tim in dem kleinen Fenster ist wie der Geist aus der Flasche. Übers Netz wird er zu einem ganz besonderen Freund. Er hilft mir zum Beispiel sofort, wenn ich ein technisches Problem habe. Wenn ich arbeite, begleitet er mich öfter in dem Fenster durch die Nacht, er macht seine Arbeit, ich meine – und wir sind Freunde. Die Annehmlichkeiten einer Freundschaft zeigen sich am Bildschirm wie unter einer Lupe. Ohne Freunde wäre die Welt eine Wildnis.«

Und was wären wir heute ohne Computer? Oder Handy? Es

ist keine 15 Jahre her, dass sich diese beiden Freunde anschickten, die Welt zu erobern. Sie haben die letzten Winkel erreicht und sich überall breitgemacht. Und unser Leben in »an« und »aus« geteilt: Offline, Online. Kein Mensch geht mehr ohne Handy aus dem Haus, es steckt in der Hosentasche und klemmt am Gürtel. Wir telefonieren im Auto, auf dem Fahrrad, an der Supermarktkasse. Ich erwische mich oft dabei, auf das Display zu schauen, ob sich jemand gemeldet hat. Und kontrolliere kurz Mitteilungen. Auf jeder Konferenz, auf jeder Party, selbst beim Tanzen senken sich die Köpfe, um Buchstaben zu schnellen Botschaften zu befördern. Ich erstatte Meldung, ich bekomme Meldung. Wo ich gerade bin. Was ich mache. Ob. Es. Gut. Geht. Alle machen das: Angela Merkel, Carla Bruni und ihr Neuer. So entstehen Freundschaften, so vergehen Freundschaften. Im Londoner Bankenviertel wurden Angestellte auf diese Art über ihren Rauswurf informiert. Und Showstars verkünden so das Ende einer Beziehung.

Kurzmitteilungen erleichtern das Leben und machen es schwer. Weil wir so tun, als sei es möglich, jederzeit mit jedermann Kontakt zu halten. Gefühle und Befindlichkeiten auf Knopfdruck auszuliefern. Man schreibt etwas. Der andere liest es nicht sofort. Man wartet vergebens. Und ist enttäuscht. »Du könntest mir auch ein Handy schenken«, sagt mein Sohn. »Dann kannst du mich immer erreichen.« Das will ich gar nicht, sage ich dann.

Es fällt uns Erwachsenen schon schwer genug, mit diesem Rummel umzugehen. Eindrücke und Wahrnehmungen zu sortieren. Das eine vom anderen zu trennen. Als ich im Zug saß, bekam ich mit, wie sich eine Frau über ihre laut telefonierende Nachbarin beschwerte. Das ganze Abteil hörte mit. Die Frau: »Können Sie bitte irgendwo anders telefonieren?« Die Nachbarin: »Ich habe zu tun, das ist Arbeit.« Die Frau: »Wir arbeiten alle.« Die Nachbarin: »Da müssen Sie jetzt durch!« Ungerührt setzte sie ihre Telefonate fort und machte Termine, offensichtlich war sie Managerin im Gesundheitswesen. Diese Typen sind übrigens die Leute, die sich in besinnlichen Zeiten Bücher kaufen wie »Vom Glück der Unerreichbarkeit«. Das Werk hat eine Botschaft: Handy abschalten!

Glücksgefühle vorm Computer

Wir sind ständig unter Strom. Und der Computer hat immer Zeit. Tag und Nacht. Ein Klick, und die Maschine kommt auf Touren. Tür zu. Ein Summen, ein Surren, ein Passwort. Endlich kann es losgehen. Allein gegen den Rest. Aus Kindern wachsen Krieger. Das Zimmer wird zum Blutbad. Vielleicht auch nicht. Mal sehen. Mit der Hand auf die Maus und noch ein Klick. Was will ich spielen? Wo möchte ich sein? Im Weltraum? Im Mittelalter? Im Himmel? Oder in der Hölle? Menschen metzeln? Tiere streicheln? Probleme lösen? Oder neue schaffen?

Der Computer meckert nicht und wird nie beleidigt sein. Er belohnt sofort. Das Glückshormon Dopamin sorgt für wohlige Schauer; sinkt der Dopaminspiegel, beginnt die Sehnsucht nach dem nächsten Kick. Die Kinder streiten und schlichten, verbinden und trennen, bauen auf und zerstören. Jetzt dürfen sie bestimmen. In der Schule konzentrieren sie sich keine zehn Minuten, hier kümmert sie die Welt. In meinem Film bin ich der Star, ich komm auch so alleine klar: Es geht um Ehre und Respekt, Achtung und Anerkennung, Verantwortung und Hilfsbereitschaft. Und um Abgrenzung von den Eltern. Endlich können die mal nicht mehr mitreden. Reinreden. Besserwissern.

Die Alten, wie Eltern früher mal hießen, verstehen nicht mal mehr Bahnhof. Als ich mich im Internet tummelte, fand ich in einem Spielforum die folgende Empfehlung: »Rez war nach Ico das zweite Spiel, welches ich mir irgendwann für meine neue PS 2 gekauft habe. Diki und ich brachten Stunden damit zu, Modi freizuspielen und Highscores zu knacken. (›Ich spiel das jetzt auf Punk durch‹). Inzwischen hab ich Rez bestimmt seit einem Jahr nicht mehr angerührt, wie ich überhaupt die PS 2 seit dem Erwerb der 360 kaum noch angerührt habe. Heute ist die RezHD, angekündigt seit einem Jahr, auf meiner Xbox gelandet und WOW. Die eine S-Bahn war gerade weg, die Wartezeit auf die nächste hab ich mir mit Download und Durchspielen der Demo vertrieben. Die zweite S-Bahn hab ich mir dann verkniffen; stattdessen die Vollversion freigeschaltet (800 MS-Points) und das erste Level direkt noch mal durchgespielt. Irgendwann bin ich dann doch los, als ich drei Stunden später wieder zu Hause war, musste ich mir sofort den Rest des Spiels zu Gemüte führen. RezHD auf einem hochauflösenden Fernseher, mit Dolby 5.1 (aber schön laut) ist ein Erlebnis, dass das Original noch mal bei weitem übertrifft. Das In-the-zone-Gefühl stellt sich unheimlich schnell und sehr intensiv ein. Die Visuals sind einfach atemberaubend und der Surround-Sound kommt in kaum einem anderen Spiel so zur Geltung. Besonders der fünfte Level (Eden) wirkt in 16:9 und voller hochaufgelöster Pracht noch mal beeindruckender als damals auf der PS und die Chöre, die Edens Wiederherstellung begleiten, lassen einem wohlige Schauer über den Rücken streicheln. PS: Sorry, wenn das alles nach Fanboy-Gesabber klingt, aber Rez hat mich schon ziemlich geflasht. PPS: Wann kommt endlich Ikaruga?«

Es handelt sich in diesem Computer-Welsch offensichtlich um die Beschreibung eines Spiels für eine Playstation. Papa hält da nicht mit, Mama hat schon gar keine Ahnung. Zwei Drittel aller Kinder hocken allein vor dem Computer. Die Eltern gucken lieber nicht hin. Entweder spielen sie selbst, oder sie verbieten. Sie interessiert nicht, was ihre Kinder fasziniert. Was ihn vor dem Computer so zufrieden macht, hat mir mal ein Junge in zwei einfachen Sätzen erklärt. Er sagte: »Beim Computerspiel kann sich einer auf den anderen verlassen. Im Computer ist alles viel persönlicher.«

Die Online-Gemeinschaften wachsen rasant. Beim beliebtesten Internetportal »schülerVZ – Das Schülerverzeichnis« meldeten sich innerhalb eines Jahres über drei Millionen neue Nutzer an. Wer da nicht drin ist, ist out: Jeden Tag werden 2 300 neue Untergruppen gebildet und 600 000 Bilder hochgeladen, die Welt wird hier wirklich zum Dorf. Kinder sind als Comic-Figuren unterwegs, Intimitäten werden ausgetauscht und die Folgen des ersten mit Freunden gemeinsam getilgten

Kasten Biers dokumentiert. Die Hausmitteilungen über Befindlichkeiten bewegen sich zwischen Scham und Charme, menschlicher Niedertracht und romantischen Schwärmereien. Was früher im Poesiealbum klebte, wird heute vor der Welt ausgebreitet. Eltern kommen gar nicht hinterher. Vor wenigen Jahren noch konnten sie ihre Kinder einfangen, wenn sie sich allein in Discos oder bei Freunden herumtrieben. Heute braucht Papa ein Passwort.

Mein Handy, mein Leben

Mit Schrecken schauen Erzieher nach Japan, wo viele Heranwachsende in dunklen Zimmern hocken und im eigenen Saft schmoren. Sie schauen nur geradeaus und haben keinen Blick mehr dafür, was sich links und rechts tut. Diese Aliens sind Vorhut einer Bewegung, die sich Schritt für Schritt von allzu menschlichen Regungen entfernt. Sie setzen sich nicht mehr auseinander, sondern sitzen nur noch davor: vor dem Fernseher, vor dem Computer. Japanische Psychiater haben diesen Einsiedlern den Namen »Hikikomori« gegeben: Das bedeutet so viel wie »sich einschließen«. Betroffen sind etwa eine Million Menschen, aber wer weiß das schon. Die eingeschlossenen Zombies gehören zur ersten Generation, die mit dem Gefühl groß geworden ist, sich und andere jederzeit an- und abschalten zu können. Ohne Maschine sind sie keine Menschen.

Auch das Handy produziert Abhängigkeiten. Mädchen beschäftigen sich im Schnitt täglich über zwei Stunden mit diesem Ding, Jungen anderthalb. Sie verschicken Kurzmitteilungen, hören Musik oder spielen im weltweiten Netz. »Es gibt Leute, mit denen ich nicht rede«, sagt ein Junge, »selbst wenn ich sie in der Schule sehe. Wir tauschen nur Mails aus. Ich schätze, uns verbindet nur ein Apparat.«

Auf die Frage, was ihnen im Leben am wichtigsten sei, antworten viele Kinder mit: »Mein Handy!« 60 Prozent der 14-Jährigen geben an, nie ohne aus dem Haus zu gehen. Wenn sie es vergessen haben, gaukeln sie Krankheiten vor, um es zu holen. Ihre Tage verbringen sie mit dem Versenden von Wörtern. Wo sie gerade sind. Was sie gerade machen. Je unglücklicher Jungen und Mädchen zu Hause sind, umso mehr suchen sie Trost im Telefonieren und Chatten und Surfen: Is there anybody out there? »Sie fühlen sich sicherer, wenn sie es nicht mit einem Gegenüber aus Fleisch und Blut zu tun haben«, sagt der japanische Pädagogikprofessor Testuro Saito.

In Japan und Südkorea sind Kinder bereits vor dem Computer verdurstet. In Belgien fiel ein 15-jähriger Junge ins Koma: Er hatte Tag und Nacht Krieg gespielt, in der »world of warcraft«. Diese Anstrengung überlebt man nur mit massenhafter Zufuhr von Energiedrinks, bevor man sich vergisst. Und wegkippt. In Amerika haben sich andere Opfer im Internet organisiert: Spielerfrauen tauschen sich auf der Webseite »war of warcraft widows« aus. Diese Witwen teilen mit ihren Männern nur noch die Wohnung und nicht mehr ihr Leben.

In Deutschland schätzt der Hannoveraner Kriminologe Christian Pfeiffer den Anteil »medienverwahrloster« Jungen zwischen 12 und 17 Jahren auf 20 Prozent. In einer Untersuchung an der Berliner Klinik Charité zeigte jedes zehnte Kind bereits in der sechsten Klasse ein exzessives Spielverhalten. Das Kriminologische Institut Niedersachsen stellte in einer Befragung von 16 000 Neuntklässlern fest, dass 1 600 von ihnen über die Woche gerechnet sieben Stunden am Tag vor dem Bildschirm verbringen. Pause machen sie nur, notgedrungen, während des Schulunterrichts. Und auf dem Weg zur Toilette.

Denn mit der zunehmenden Gewöhnung an einen veränderten Bewusstseinszustand und größerer nervlicher Anspannung muss die Dosis steigen, damit Wirkung einsetzt. Der Neurologe Gerald Hüther vergleicht diese Abhängigkeit mit der bei Opium, Heroin oder Alkohol. »Wenn die Kinder einen Computer sehen, sind sie genauso erregt wie ein Trinker, der Schnaps braucht.« Diesen Rausch wollen sie nicht mehr missen. Computersucht verändert die Gehirnstrukturen ebenso wie der Konsum anderer Drogen. »Anfänglich dünne neuronale Verbindungen im Hirn«, sagt Hüther, »werden durch intensive Nutzung immer dicker und sind irgendwann mehrspurige Autobahnen. Wenn man da einmal drauf ist, kommt man nicht mehr runter.« Er befürchtet, es in zehn Jahren mit einer ganz neuen Generation von Suchtpatienten zu tun zu haben. Noch haben die Kassen diese Krankheit nicht anerkannt, obwohl sie bereits in vielen Kliniken behandelt wird.

Der dauerhafte Umgang mit Handy-Tastatur, Maus und Joystick hinterlässt für Neurologen messbare Spuren. Das für Daumenbewegungen zuständige Hirnareal hat sich bei Kindern und Jugendlichen in den vergangenen zehn Jahren vergrößert. Stresserfahrungen vor dem Bildschirm verändern den Hormonhaushalt und die Struktur des Gehirns. »Mit jeder Stunde, die Kinder vor dem Computer verbringen, fehlt ihnen eine Stunde, ihr Gehirn für die Anforderungen des wirklichen Lebens weiterzuentwickeln«, sagt Hüther. »Jede Stunde, die Kinder nicht davor sitzen, ist eine gewonnene Stunde.«

Nicht richtig hinschauen und fern sehen

Das Gehirn entwickelt sich so, wie man es benutzt: Vor Maschinen perfektionierte Fähigkeiten wie Auffassungsvermögen und bessere Kombinationsgabe verdrängen alte wie Mitgefühl oder Kontaktfreude. Andauernder Nervenkitzel verändert den Charakter. Wer gewohnt ist, im Computer und Fernsehen schnell geschnittene Bilder und rasche Bewegungen zu ordnen, verlernt das genaue Hinschauen.

Richtig hingucken, das konnten wir alle einmal: In den Stunden nach der Geburt liegen viele Kinder lange wach. So, als wollten sie sich erst einmal umsehen. Sie sind neu auf der Welt und gierig auf die Welt. Wenig später erkennen sie Gesichtsausdrücke von Erwachsenen und ahmen sie nach. Sie wissen noch nicht, wozu eine Zunge gut ist, strecken sie aber raus, wenn man es ihnen vormacht. Babys beschäftigen sich stundenlang mit Kleinigkeiten und erfreuen sich an Knöpfen, Gummiringen, Wäscheklammern. Sie schauen sich alles genau an.

Ordnung ist ihnen wichtig; finden sich die Dinge nicht immer am gleichen Platz wieder, weinen sie. Ordnung bedeutet, sich erinnern zu können und einen Raum in Besitz zu nehmen. Weit offene Pupillen ziehen die Mutter in den Bann. Die Eltern sprechen intuitiv in einer höheren Stimmlage und übersetzen, was ihr Kind fühlt. Der Ausdruck der Stimme, wie etwas gesagt wird, mit welchem Gefühl, in welcher Tonlage, beruhigt. Wenn Säuglinge strahlen, ihre kleinen Hände ausstrecken und wohlige Geräusche von sich geben, wecken sie den elterlichen Instinkt, die Verantwortung für ihr Leben zu übernehmen. In den ersten 18 Monaten hat das Kind vielleicht 15 Wörter gelernt, aber unbewusst noch vieles mehr entwickelt. Die Fähigkeit, vertraute Menschen zu erkennen. Das Vermögen, sich selbst mit seiner Umgebung in eine Beziehung zu bringen.

Wer seine Kinder in diesem Alter vor den Kasten setzt, missbraucht sie. Das Fernsehen flutet die Gehirne in einer Zeit, in der Kinder eigentlich aus sich heraus Bilder erschaffen müssen. Es lähmt die Phantasie und verhindert, sich ein eigenes Bild von der Wirklichkeit zu machen. Kinder beginnen erst im Alter von sieben und acht Jahren, zwischen Fiktion und Realität unterscheiden zu lernen. Bis dahin glauben sie noch an den Osterhasen und den Weihnachtsmann, die eher harmlosen Vertreter eines Paralleluniversums. Kinder vor dem Fernseher sind zur Passivität verurteilt. Auf ihre Fragen bekommen sie keine Antworten, sie können nichts ändern, nichts verhindern, nicht eingreifen. »Ein Zustand, bei dem alle Wahrnehmungen gleichzeitig und ungeordnet auf einen

Menschen hereinprasseln, ist für Erwachsene unerträglich und für Kinder erst recht«, sagt Gerald Hüther. Es benötigt mehr körperliche Fertigkeiten, eine Mahlzeit zu essen, als Fernsehen zu gucken. Dass dies unzufrieden und aggressiv macht, belegten Wissenschaftler der amerikanischen Stanford-Universität mit einer einfachen Übung. Sie baten 105 Dritt- und Viertklässler ein halbes Jahr lang weniger Fernsehen zu gucken. Die verbrachte Zeit vor dem Bildschirm sank von wöchentlich 16 auf 9 Stunden. Die Kinder erzählten später, sie würden jetzt auf dem Schulhof weniger streiten.

Ich kenne eine alleinerziehende Mutter mit zwei Kindern und drei Fernsehern. Hier gibt es keinen Streit mehr ums Programm. Deutsche Kinder sitzen lieber vor der Glotze als vorm Bilderbuch. In anderen Ländern läuft der Fernseher rund um die Uhr; bei sechs von zehn britischen Kindern sind Abendbrot und Fernsehen ein Gedeck. Und in Israel hat sich mit dem Spartensender »Baby TV« der erfolgreichste Pay-TV-Kanal des Landes etabliert. Nicht nur hier starten die vier Teletubbies Twinky-Winky, Dipsy, Laa-Laa und Po Großangriffe auf die Sinne. Diese Monster tragen Antennen auf dem Kopf und beleidigen jede halbwegs begabte Kreatur: Sie lallen sich mit »Ah und Oh« durch den Tag und machen »Winke Winke«.

Der wachsende Fernsehkonsum hat den Anteil sprachgestörter Kinder im Alter von drei und vier Jahren seit 1982 von 4 auf heute 34 Prozent steigen lassen. Was andauernder Fernsehkonsum auch in der Folge bewirkt, zeigte ein Versuch an der Freiburger Universität. Mit Hilfe eines Datenerfassungsgerätes wurden bei 200 Zuschauern im Alter von 11 bis 15 Jahren Bewegungsaktivität und Herzfrequenz gemessen. Zusätzlich sollten sie in Abständen von 15 Minuten ihr Wohlbefinden beurteilen. Die Ergebnisse waren deutlich schwächere emotionale Reaktionen, eine schlechtere Kommunikation und schlechtere Noten in der Schule. Die Forschergruppe um Professor Michael Myrtek überraschte, wie gleichgültig die Jugendlichen Katastrophenmeldungen in den Nachrichten kommentierten. Hunger, Elend, Schicksal. Achselzuckend, abgestumpft: »Na und?«

Wie wirklich ist die Wirklichkeit?

»Wie wirklich ist die Wirklichkeit?« Das fragte vor 30 Jahren der österreichische Kommunikationsforscher Paul Watzlawick. Er unterteilte sie in verschiedene Ordnungen. Eine, die wir mit anderen Menschen erleben und durch Wiederholungen überprüfen können, zum Beispiel die Wahrnehmung von Gerüchen, Farben oder Geräuschen. Die andere ist eng mit unserer Erfahrung verknüpft, mit dem damit verbundenen Sinn und unseren Wertvorstellungen. Die Wirklichkeit dritter Ordnung schaffen wir uns selbst, mit unserem Bild von der Welt. Wer mit dem Handy das Bahnabteil zu seinem Wohnzimmer befördert, hat nicht nur eine schlechte Kinderstube gehabt. Er tut nicht nur so, als sei er allein unterwegs, er akzeptiert nicht mal die Existenz eines anderen. Er nimmt ihn nicht für wahr. Der öffentliche Raum war mal geschützt, jeder bemühte sich um Rücksicht. Darauf kann man heute nur hoffen: Zu erwarten ist es nicht.

Wissenschaftler der University of York wiesen in einer Studie nach, dass Handy-Gespräche lauter geführt werden als normale Unterhaltungen. Wahrscheinlich wollen wir unsere Worte extra verstärken, weil wir noch daran gewöhnt sind, einem anderen ins Gesicht zu schauen, wenn wir mit ihm reden. Vielleicht aber haben wir Mobilmenschen nur Angst, in ein Loch zu fallen. Ein Funkloch.

Der Mensch gewöhnt sich eben an alles. Im Guten wie im Schlechten. Die Wahrnehmung verändert sich mit der Wirklichkeit. Was selbstverständlich wird, ist kein Grund mehr zur Aufregung. Wenn Kinder oder Jugendliche zu früh und zu oft mit Meldungen oder Spielfilmen konfrontiert werden und Grausamkeiten wahrnehmen müssen, können sie nur damit zurechtkommen, indem sie sich schützen. Sie drehen sich weg. Sie unterdrücken ihr Einfühlungsvermögen. Oder ihr Bedürfnis nach Schutz und Sicherheit.

So wie sich Filmemacher unserer emotionalen Bedürfnisse bedienen, grätscht die Computerindustrie in die Entwicklung von Kindern. Sie beutet ihre Potenziale und Fähigkeiten aus: ihre Begeisterungsfähigkeit, ihren Handlungsdrang und ihr Mitgefühl. Und die Lust der Kinder, sich auszuprobieren. Überall arbeiten Techniker daran, für das Echte einen Ersatz zu finden.

Jedes zweite Kind im Alter von acht und neun Jahren besitzt einen Gameboy, jedes dritte eine Spielkonsole, sehr viele beides. Mit zunehmendem Alter haben alle Zugang zum Computer. Jedes neue Gerät produziert neue Bedürfnisse. Es ist alles so schön bunt hier, wir können uns gar nicht entscheiden: Sechsjährige spielen am liebsten Spiele ab neun, Neunjährige am liebsten Spiele ab zwölf, Zwölfjährige am liebsten Spiele ab 18 Jahren. Würde ich meinem Sohn erlauben, was er sich vorstellt, hier schnell ins Internet, dann kurz den Fernseher anmachen oder eben mal einen Film auf DVD schauen, und das alles in der kurzen Zeit zwischen Hausaufgaben und Schlafengehen, könnte ich gleich die Erziehung einstellen. Kaum mit einer Sache vertraut, würde er hektisch zu einer anderen wechseln und zum Knecht des Augenblicks. Ich will das nicht. Und weil ich das nicht will, darf mein Sohn das nicht. Er soll sich erst in der echten Welt zurechtfinden, bevor er eine falsche beherrscht. Leben heißt auch, sich zu bescheiden. Aus weniger mehr zu machen.

Ich habe lange auf dem Land gelebt. Dort springen Rehe, hoppeln Hasen, staken Störche. Mein Sohn hat hier Mücken gejagt und Frösche gefangen. Und sie in seiner Hosentasche gesammelt, aus der sie ihm natürlich entwischten. Jetzt las ich in der Lokalzeitung die Nachricht, dass Kinder einem Schaf die Hinterbeine gebrochen haben, weil sie versucht hatten, auf ihm zu reiten. Ich kenne diese Kinder nicht, ich kenne das Schaf nicht. Ich weiß nur, dass bisher zum Reiten eher immer Pferde vorgesehen waren. Ich schreibe das, weil viele Kinder gar nicht mehr wissen, wie die echten Tiere aussehen. Vor mir liegt eine Anzeige für Eltern, die mit Hilfe einer DVD »kindgerecht« erziehen wollen: Es geht um »VIPO«, einen kleinen lustigen Hund mit übergroßen Ohren, der gewaltfrei, »emotional und edukativ, ohne belehren zu wollen«, die Welt entdeckt. Die elfminütigen farbenfrohen Episoden sollen gekauft werden, weil sich die Abenteuer um VIPO und seine Freunde qualitativ deutlich von anderen aktuellen Kinderformaten unterscheiden sollen. Dafür steht das internationale Team von Autoren, Produzenten und 3D-Animateuren. In aufwendiger Arbeit haben sie ein pädagogisch sorgfältig durchdachtes Konzept geschaffen, »wobei es besonders Spaß machte, Wissen und Werte in lustige Abenteuer umzusetzen. Die hochwertige Animation zeichnet sich bei allen Figuren durch extreme Detailgenauigkeit aus, wobei speziell das Fell der Tiere mit großem Aufwand designed wurde, um einen möglichst natürlichen Kuschel-Look zu erreichen.« Wie schön wäre es, wenn Lassie noch lebte und dem VIPO mal in die Waden beißen könnte.

Der Sündenfall des sogenannten Edutainment, der erzieherischen Unterhaltung, war das Tamagotchi, eine Erfindung japanischer Seelenverkäufer. Dieses Ding bereitete vor zehn Jahren die digitale Invasion vor. Das Plastikei gibt es in zwölf Farben und soll ein Küken darstellen, das nach Futter piept. Es hat die Macht, Kinder in Verzweiflung zu stürzen und Eltern in den Wahnsinn zu treiben. Im Display erscheinen Striche, die alles und nichts bedeuten. Kriegt das Ei nichts zu fressen, geht es kaputt. Es »stirbt«. Fressen bedeutet: einen Knopf drücken. Gegessen bedeutet: zufriedene und satte Striche. Kaum den Windeln entwachsen, geraten Kinder so zu Gebietern über Leben und Tod. Eigentlich sind sie auf Schutz und Fürsorge angewiesen; jetzt wird zum Drama, wenn sie ihr

Küken nicht in die Schule mitnehmen dürfen und seinem sicheren Verderben ausliefern.

Die Erfinder des Tamagotchis spielen mit den Bedürfnissen der Kinder und bedienen die Bequemlichkeit der Eltern. Tamagotchis stinken nicht, brauchen keinen Käfig und kein Futter. Wenn man verreist, kann man sie einfach in die Tasche stecken. Das geht mit einem Meerschweinchen nicht. Und doch hört man manche Eltern reden: immerhin besser als Ballerspiele! Die Kinder lernen was dabei! Verantwortung tragen zum Beispiel, Sorge, Pflege. Und dass alles einmal ein Ende hat. Eine Zeit lang gab es im Internet sogar einen virtuellen Tamagotchi-Friedhof.

»Nano Pets«, »Playmates«, »Kitties«, oder »Puppies« heißen andere Schreckgespenster der Verblödungsindustrie. »Interactive Plush« erinnert an einen Hund. Es könnte aber auch eine Katze sein.

Der Wahnsinn hat Methode: Amerikanischen Forschern gelang es bereits, zweijährigen Kindern künstliche Freunde anzudrehen: Roboter. An der University of California in San Diego schufen sie ein Halbmeter-Monstrum, das mit dem Kopf wackelt und bei Berührung kichert. Alsbald akzeptierten die Kinder »Robbi« als Spielgefährten. Fiel er hin, hoben sie ihn auf, waren nach 50 Minuten die Batterien verbraucht, alle, alle, wie Kinder sagen, deckten sie das Gerät zu und ließen es schlafen. Wer alle »Starwars«-Folgen kennt, hat bestimmt Spaß mit Kopien der goldenen Quasselstrippe »C3 PO« und seines pfeifenden Kumpels »R2D2«. Überwältigt von ihrem Erfolg, wollen die Techniker nun verbesserte

Versionen dieses »SDR 4 X«-Roboters als Assistenz-Erzieher in Kindergärten einsetzen. Sie sagen, Roboter könnten einige Dinge besser erledigen als Menschen. Mitarbeiter der amerikanischen Unternehmen Novamente und Electric Sheep Company basteln an einer Software, die es virtuellen Lebewesen ermöglicht, an Aufgaben zu wachsen. Sie wollen einen sprechenden Papagei konstruieren und später ein virtuelles Kind. Roboter-Robben gibt es bereits: Sie seufzen wohlig, wenn man ihr flauschiges Fell streichelt. Man ahnt nicht, welche Sorgen Programmierer plagen: »Wir haben immer noch Probleme, Robotern die Möglichkeit zu geben, sich frei zu bewegen und die Welt zu erkunden«, sagt ein Wissenschaftler.

Maschinen werden zum Maß der Dinge. Ein Schweizer Tüftler präsentierte 2008 auf der Computermesse in Hannover einen kegelförmigen Roboter mit Glaskopf und zwei Augen. Er könnte in Baumärkten eingesetzt werden und dort Kunden ansprechen. Die Sensoren dieses Einkaufberaters seien so konstruiert, dass er auf Kunden zurollt und nicht etwa auf gleich große Regale. Oder Duschkabinen, zum Beispiel.

In einem Artikel der Fernsehzeitschrift *Hörzu*, einer der meistgelesenen Illustrierten in Deutschland, wurde unter dem Titel »22 geniale Ideen für die Zukunft« neben dem intelligenten Auto und um den Hals zu tragende Übersetzungscomputer auch der »mitfühlende Roboter« gefeiert. »Ein Automat, der uns versteht – das klingt zu schön, um wahr zu werden. Wird es aber, behauptet ein Entwicklerteam von

Siemens und der Uni Paderborn: In 20 Jahren haben Maschinen Gefühle. Und die Kommunikation mit ihnen läuft nach menschlichen Regeln ab. Dann hört der Fahrkartenautomat uns nicht nur aufmerksam zu, er hilft auch mit freundlicher Stimme, das richtige Ticket zu lösen. Und wenn man sich bedankt, lächelt er.«

Papa, mir ist langweilig

Das wirkliche vom virtuellen Leben zu unterscheiden, wird für Kinder immer schwieriger. Als jetzt mein Sohn von der Schule kam, forderte er mich auf, mit ihm gemeinsam eine Seite im Internet zu klicken: »PennerGames«. Ich staunte nicht schlecht, als ich las, dass sich die Teilnehmer an diesem »Spiel« zu Obdachlosen am Hamburger Hauptbahnhof verwandeln und sich unter anderem durch Diebstahl aus ihrem Elend befreien sollen. Wie heruntergekommen sind wir eigentlich? Eltern müssen sich sehr genau überlegen, warum sie wollen, dass ihr Kind einen Computer benutzt. Und wozu. Es gibt Programme, die fordern und fördern. Aber die meisten Kisten werden aus vermeintlicher oder echter Langeweile hochgefahren. »Papa, mir ist langweilig« – kein Satz nervt Eltern mehr. Er macht schlechte Laune. Was tun wir nicht alles, um genau diesen Satz zu vermeiden. Er beleidigt unser Bemühen, den Kindern gute Unterhaltung zu bieten. Ein abwechslungsreiches Leben. Langeweile entsteht, wenn es nichts zu tun gibt. Plötzlich Zeit da ist. Die Anthropologen sagen, der Mensch sei ein handlungsbedürftiges Wesen. Er müsse immer etwas zu tun haben, um die innere Unruhe zu vertreiben. Wir Menschen sind also darauf programmiert, immer neue Erfahrungen machen zu wollen. Und Kinder erst recht.

Langeweile ist ein kostbares Gefühl, weil wir auf uns zurückgeworfen werden. Und Fragen stellen. Wo ist der Sinn? Was macht mir Spaß? Wozu habe ich wirklich Lust? Wer seine Zeit nicht totschlagen will, muss ertragen lernen, dass sie lange weilt. »Papa, mir ist langweilig.« Mein Sohn kann meine Antwort schon singen: »Freu dich, für dieses Gefühl zahlen erwachsene Leute viel Geld.« Dafür ziehen sie ins Kloster oder lesen Dalai Lama.

Langeweile macht kreativ. Langeweile treibt an. Viel wurde entdeckt, weil Menschen gerade mit dem Nichtstun beschäftigt waren. Wer wartet, der findet: Der Engländer Isaac Newton stieß auf das Gesetz der Schwerkraft, als er im Garten saß. Der Wiener Physiker Werner Gruber knickte ein leeres Blatt Papier zweimal quer und schräg, faltete und falzte und erkundete mit seinem Papierflieger die Gesetze der Aerodynamik. Und Einstein meinte, er habe die Relativität entdeckt, als er gerade mal nicht darüber nachdachte. Wer das Lassen übt, hat genug zu tun.

Freiheit und Abenteuer

Ich habe in jüngeren Jahren viele Kindergruppen organisiert. Wir haben getobt und gesungen. Schnitzeljagden veranstaltet und Gendarmen Räuber fangen lassen. Im Gelände gespielt und Probleme gewälzt. Uns Gruppenleitern kam es immer darauf an, den Kindern nichts vorzusetzen: Sie sollten selbst bestimmen, worauf sie Lust hatten. So kam es, dass wir manchmal einfach nur herumsaßen, weil niemandem etwas einfiel. Bis jemanden etwas einfiel.

Heute hätten die Kinder sofort eine Idee, diesen Zustand zu beenden: aber ihre Vorstellungskraft geht über den Einsatz von Geräten kaum mehr hinaus. Der Gedanke daran, den Computer anzuwerfen oder auf dem Handy zu daddeln, vertreibt jede Auseinandersetzung mit anderen Möglichkeiten. Früh schon lassen Eltern zu, dass ihre Fähigkeit zum Spiel zerstört und dem Erlebnis, etwas selbst zu schaffen, keine Bedeutung beigemessen wird. Spielen bedeutet selbst gesteuertes Lernen. Evolutionsbiologen betrachten das Spiel als Training, das Unerwartete zu meistern. Sich auf unterschiedlichste Situationen vorzubereiten. Spielen fördert das Talent, sein eigenes Verhalten zu kontrollieren und immer wieder neu zu justieren. Spielen ist kein Beschäftigungsprogramm. Spielen bedeutet Entwicklungshilfe.

Aber Spielkind war gestern, Gameboy ist heute: »Ich bin schon froh, wenn die Kinder nach zehn Tagen im Zelt nicht mehr ihr Gerät vermissen«, meint Hubertus Zimmermann aus Halle, ein gelernter Industriekaufmann. Er organisiert Ferienfreizeiten an der Müritz im schönen Mecklenburg-Vorpommern. Von Mai bis September versucht er, Kindern und Jugendlichen ein bisschen Abenteuer zu verschaffen. Ein Floß bauen, Boote kentern lassen, mit dem Bogen schießen. Als Kind sammelte er mit seinem Opa Pilze und strolchte durch den Wald. Dort, wo Seeadler nach Barschen schnappen und Blindschleichen durchs Unterholz schlängeln, erzählen ihm neunjährige Jungs, dass sie zum Geburtstag ein Handy geschenkt bekommen haben und dem Papa auf die Mailbox sprechen, ob sie mit einem Freund zum Schwimmen gehen dürfen. Die Großen schwärmen am Lagerfeuer von Klonkriegern und Laserkanonen und Rollenspielen im Internet. Von Splatter-Movies und Ego-Shootern, Monstern und Mutanten. Vom Abräumen, Abknallen, Abschlachten. Mit dem Erlernen des aufrechten Gangs haben viele von ihnen bereits ihr größtes Erfolgserlebnis hinter sich. »Viele Kinder sind kaputt«, sagt Hubertus Zimmermann. Dafür kann man sie nicht verantwortlich machen. Bisher haften immer noch Eltern für ihre Kinder und nicht der Computer. Denn es bedeutet einen Unterschied, ein Kanu durch Stromschnellen zu lenken oder im Internet Hindernissen auszuweichen. »Das Gehirn«, sagt Gerald Hüther, »ist ein Instrument zur Bewältigung von Problemen. Damit Menschen sich entwickeln, müssen sie sich Schwierigkeiten stellen und sie lösen. Das Gehirn reift nur, wenn es mit den Aufgaben wächst.« Die Großhirnrinde, der Vernunftteil des Gehirns, speichert die Erfahrung, Gefahren meistern zu können. Je größer die Probleme, umso besser: »Aber sie sollen beherrschbar sein.«

Eltern müssen sich gehörig anstrengen, um ihren Job nicht an Maschinen zu delegieren. Wenn Kinder ihre Grenzen nicht ausloten, ist etwas falsch mit ihnen. Dann sind sie krank oder apathisch oder depressiv. Denn Kinder haben permanent Lust, neue Erfahrungen zu machen; diese Sehnsucht wird nur durch Erschöpfung unterbrochen. Grenzen zu suchen, bedeutet Orientierung zu finden. Kinder wollen wissen, wo sie stehen und wie weit sie gehen können. Sie brauchen Freiheit und Abenteuer. Das Wort ist verwandt mit dem lateinischen »advenire«. Es bedeutet so viel wie »sich ereignen« oder »auf sich zukommen«.

Mal abwarten, was passiert: Das ist die Devise der ältesten Jugendbewegung der Welt. Bei den Pfadfindern lernen Kinder und Jugendliche, ihr Leben in die Hand zu nehmen. Auf eigenen Füßen zu stehen. Und sich mit Gleichgesinnten auf den Weg zu machen. Einer der Höhepunkte eines jeden Pfadfinderlagers sind tagelange Wanderungen. Ich habe Pfadfinder mehrmals dabei begleitet. Mich hat besonders Philipp, ein elfjähriger Junge, beeindruckt, der zum ersten Mal ohne seine Eltern in den Urlaub gefahren war. Ihm war anfangs nicht geheuer, nach Einbruch der Dunkelheit im Regen durch den Wald zu irren. »Eigentlich wollte ich nach Hause, als der Wind aufbrauste«, sagte er. Er hatte Heimweh, weil sich eine Wolke über seinen Schlafsack entleerte und Blitze über Baumwipfeln zuckten, »so wie bei Harry Potter«. Kalt war es im Wald, unter einer grünen Regenplane, und am Tag danach waren alle Klamotten nass. Wie gern hätte Philipp seine Mutter angerufen, damit sie ihn abholen kommt. »Ich wäre fast

erfroren.« Aber er hatte seine erste große Wanderung geschafft, gemeinsam mit den Pfadfinderfreunden aus Franken-
thal bei Mannheim, beim Sommerlager im Elsass.

Drei Tage war seine »Sippe« mit Kompass und Koch-
geschirr durch die Gegend gestreift, ohne morgens zu wissen,
wo man abends schläft. Unter Eichen im Wald, in der Scheune
beim Bauern? Sie lernten, dass Nordwesten ist, wo Moos auf
Bäumen wächst, und Südosten, wo der Borkenkäfer sich am
wohlsten fühlt. So eine Wanderung, ein »Haijk«, wie die Pfadfinder sagen, macht aus ängstlichen Buben selbstbewusste
Jungs. Noch besser allerdings sind die Abende danach, wenn
sich die Überlebenden am Lagerfeuer an Gedanken wärmen,
wie vielen Gefahren sie trotzen konnten. Und dass die Eltern
davon nichts mitgekriegt haben. »Das war richtig gut«, sagt
Philipp. Und es ist gut, dass Philipps Eltern ihn zu den Pfadfindern geschickt haben. Hier geht es um Knoten, nicht um
Noten. Die Kinder kriegen nicht alles vorgekaut, übernehmen
Verantwortung und erziehen sich gegenseitig. Sie stellen Zelte
auf und zählen Sterne. Und lernen, dass die Dinge auch mal
schieflaufen können.

Im Wort gescheit steckt schließlich das Wörtchen schei-
tern, wie mein Freund Lutz meint. Aus Niederlagen lernen,
in der Not erfinderisch sein, Versuch und Irrtum wagen: das
sind Erfahrungen, zu denen Eltern ihre Kinder ermutigen
sollten. Statt ihnen aus Überforderung, Bequemlichkeit oder
Desinteresse Gameboys zu kaufen oder Computerspiele zu
schenken. »Was wir dann Suchtverhalten nennen«, sagt der
Kinderpsychologe Wolfgang Bergmann, »ist lediglich die

Lösung, die jedes dieser Kinder gefunden hat, um einen Mangel, einigermaßen – und in den meisten Fällen eben leider mehr schlecht als recht – überwinden, überdecken oder kompensieren zu können.«

Für das Echte findet sich Ersatz

Es läuft aber nicht alles glatt im Leben. Die neueste Generation der Wirklichkeitsverdreher orientiert sich verstärkt an dieser Erkenntnis. Die etwas schlaueren Computerspiele bieten eine Mischung aus dem, was man kennt, und dem, was sein könnte. So wurde die interaktive Seifenoper »Sims« zum Kassenschlager. Der Spieler gründet eine Familie oder klickt sich in eine fertige ein. Er kann wählen, Mann zu sein oder Frau, Vater oder Mutter, Junge, Mädchen, Baby. Bettler oder Millionär. Es heißt nicht: Wer bin ich? Sondern: Wie viele? Der Spieler entscheidet, ob seine Charaktere sich hassen oder lieben, leben oder sterben, krank sind oder gesund. Wer sich zu Höherem berufen fühlt, steigt mit einer Spielerweiterung zum größten Künstler aller Zeiten auf. Bei »Sims 2 gestrandet« landet man auf einer einsamen Insel und muss Bananen von den Bäumen pflücken. Oder sich einen Bambusspeer besorgen.

Aber auch das wird auf die Dauer langweilig. Will Wright, der amerikanische »Sims«-Erfinder, zündet bald den nächsten Kracher. In seinem neuen Abenteuer »Spore« dürfen alle Gott spielen: Computer-Kids feiern dies als »Hammerneuigkeit«. Man kommt als »Einzeller« auf die Erde und saust durch die Evolution, bis sich im Weltraum entscheidet, wer Herrscher der Galaxis wird. Der Spielemacher erklärt seinen Erfolg so: »Wir verkaufen Probleme, die zu lösen sind. Im positiven Falle ist es ein interessantes Problem. Das Problem könnte sein, eine Armee zu besiegen, ein Fußballspiel zu gewinnen oder eine Familie glücklich zu machen. Kinder spielen mit Lösungen. Sie drücken die Knöpfe und beobachten, was passiert.«

Kinder und Jugendliche, sagt der Neurologe Gerald Hüther, können sich heute kaum ausprobieren. Kleine Handwerksbetriebe, wo sie mal zuschauen, oder Bauernhöfe, auf denen sie helfen könnten, gibt es wenige. Die Welt der Erwachsenen hat sich isoliert von der Welt der Kinder. Kinder erleben nicht mehr, wie Schweine geschlachtet werden, Möbelstücke entstehen, Brot gebacken wird. Unsere Fabriken sind Hochsicherheitszonen, die Menschen darin tragen Mundschutz. Das Leben ist clean geworden, alles hat seinen Platz. Es ist ein Drama: Je mehr wir darüber wissen, was Kinder brauchen, umso weniger können wir Kindern diese Erfahrungen ermöglichen.

Gerald Hüther plädiert dafür, das Recht auf Erfahrung für Kinder im Grundgesetz zu verankern. Aber das ist eher eine symbolische Maßnahme. Konkreter ist seine Idee, Bürgermeister und Beamte zu verpflichten, Kinder in städtische Genehmigungsverfahren einzubeziehen. Zum Beispiel beim Bau von Spielplätzen. Oder der Gestaltung von Parkanlagen, es gibt viele Möglichkeiten. Kinder könnten mithelfen, Arbeitern über die Schultern schauen und einen Sinn erfahren in dem, was sie tun. »Das würde Erfolgserlebnisse bringen, die sie sonst nirgends bekommen«, sagt Hüther. Das Thüringer Kultusministerium unterstützt bereits seine Vorschläge. Wäre es nicht großartig, wenn Jungen und Mädchen beim Bau einer Schule mithelfen würden, anstatt im Unterricht nur Aufsätze über den Vorzug des Flaschenzugs schreiben zu müssen? Ich erinnere mich, wie neidisch ich auf einen Mitschüler war, der während der Sommerferien seinen Eltern beim Hausbau geholfen hatte. Er kam stolz zurück. Und hatte mehr Muckis.

Wohin Kinder auch gehen, was sie auch tun: Die Plätze sind besetzt. Wenn sie Glück haben, gibt es in den Städten umzäunte Abenteuerspielplätze. Ansonsten heißt es: Wir müssen leider draußen bleiben. So richtig willkommen sind sie nur im Internet. Das hat keine Platzprobleme, Computer bieten unbegrenzte Kapazitäten. Sie liefern, was Kindern fehlt.

Wo aber alles möglich wird, ist nichts mehr wirklich. Ein paar Kinder erklärten mir allen Ernstes, der jüngste Verkaufsschlager des japanischen Softwaregiganten Nintendo habe mit Sport zu tun. Das Ding heißt Wii: »Wir bewegen uns dabei richtig, den ganzen Arm. Nicht nur Daumen und Zeigefinger, wie beim Gameboy.« Die Spielkonsole erinnert an eine Fernbedienung und die Aktionen der Spieler an Pantomime. Sie sitzen oder stehen vor dem Bildschirm und tun so, als würden sie einen Baseballschläger halten. Eine Kugel werfen. Oder beim Tennis aufschlagen. Der Ball landet im Aus oder raffiniert geschnitten gleich hinterm Netz.

Nicht nur die Kinder sind verrückt nach Wii. Als Nintendo im Dezember 2007 mit dem Balance Board eine erweiterte Fassung auf den Markt brachte, standen die Japaner Schlange. Die Firma verkaufte in zwei Wochen eine halbe Million Exemplare. Die Erfindung verdoppelte den Gewinn des Konzerns. Wer Wii im Haus hat, muss nicht mehr raus: »Nach der Arbeit noch ins Fitness-Studio oder zum Joggen – das kostet viel Überwindung«, heißt es in einer Zeitungsanzeige von Nintendo. »Wenn Sie mit weniger Aufwand in Form bleiben wollen, können Sie sich mit Wii Fit jetzt Ihren Personal-Trainer ins Wohnzimmer holen.« Natürlich ist Nintendo auch Partner der großen Gesundheitsinitiative »Deutschland bewegt sich«, einer gemeinsamen Aktion von *Bild*, ZDF und der Barmer Ersatzkasse.

Runter von der Couch, rauf aufs Brett: Die Freunde meines Sohns sagen, das sei ein prima Sport. Was war ich froh, als ich ihnen eine Zeitungsmeldung unter die Nase halten konnte. Denn, natürlich, gibt es mittlerweile auch zu diesem Phänomen eine Studie. Das Ergebnis: Wii-Tennis hält nicht fit. Da staunten die Kinder aber. Und ich habe den Fußball herausgeholt.

Das große Durcheinander

Perfektes Leben und alles im Griff

Die Frage nach dem perfekten Schnuller, ob rund oder ab-geflacht, Silikon oder Latex, ist lange vor der Entbindung geklärt. Der »Turbo 6 S«-Kinderwagen mit Teleskopgriff und abnehmbarem Verdeck steht im Flur. Alle *Ökotest*-Hefte sind gelesen; das Kinderbett schmückt eine Matratze aus fair ge-handelten Kokosfasern. Die werdende Mutter hat sich durch Bücher geackert und ihren Bauch mit Klassik beschallt. Sie hat Atmen geübt, Entspannung trainiert und beim Workout den Puls auf 150 Schläge in der Minute gehalten; ein optima-ler Laktatwert auch für das Baby.

Die Tour durch Kreißsäle ist geschafft, die beste Hebamme ausgesucht. Die Mutter kann ihr Kind in der Hocke gebären, im Wasser oder im Liegen. Oder in einem »Geburtsrad«, aber das ist sehr kompliziert. Zu Hause leuchtet das Kinderzim-mer in beruhigenden Farben, den naturbelassenen Wickel-tisch schmückt ein Mobile. In der Ecke warten ungebleichte Pampers auf ihren Einsatz. Der Vater hat den kleinen Boris in verschiedenen Krippen auf Wartelisten setzen lassen. Dass es keine Marie wird, wissen die Eltern seit dem zweiten Ultraschall.

Die Geburt war nicht einfach, aber das Kind ist gesund.

Und die Mutter wohlauf. Die ersten Bilder von der Entbindung stehen Stunden später im Internet, die engsten Freunde und Verwandten sind über Kurzmitteilung auf dem Handy informiert: Alles prima, alles dran. Die stolzen Eltern sind überglücklich, ihr Sohn ist ein Prachtkerl. Die Milch fließt, das Kind schläft durch. In drei Monaten wird Mama wieder arbeiten gehen. Und Boris in die Krippe.

Heute, wo alles möglich zu sein scheint, kann alles möglich gemacht werden. Kind und Karriere, Selbstverwirklichung und Fürsorge. Sowohl als auch. Entweder oder ist von gestern. Niemand ist gezwungen, einem Kind zuliebe sein Leben komplett umzustellen. Manche müssen arbeiten, hätten gern aber viel Zeit mit ihrem Baby. Manche wollen arbeiten und organisieren sich Betreuung. Andere machen erst einmal Pause. Die Zeit, die sie vorher in ihre Karriere investiert haben, widmen sie nun ihrem Kind. Es gibt genug zu tun: Stillen, Wickeln, Baden. Krabbelgruppe. PEKiP Baby-Yoga.

Diese Mütter lassen ihr Kind nicht aus den Augen. Für nichts auf der Welt würden sie es mit anderen Menschen teilen. Sie geben ihr Bestes und verlassen ohne homöopathische Globuli nicht das Haus. Sie schwören auf die feinstoffliche Wirkung von Rescue-Tropfen: Gegen alles ist ein Kraut gewachsen. Das Kind kann gar nicht anders, als gesund zu bleiben.

So soll es sein. Auch im Kindergarten muss das Niveau gehalten werden. Darunter machen wir es nicht. Der Schatz der Familie, ihr ungekröntes Haupt, betritt fremdes Territorium. Und wieder Glück gehabt: Alles ist gut. Die Erzieher sind freundlich, es ist sogar ein Mann darunter. Auf zehn Kinder kommt ein Betreuer, das ist nicht ganz optimal, aber dafür wird biodynamisch gekocht, und einen kleinen Garten gibt es auch. Und draußen steht ein Trampolin.

Das erste Elterngespräch läuft gut. Beim zweiten schildern die Erzieher ein paar Auffälligkeiten. Das Kind habe Schwierigkeiten mit Regeln und würde andere beim Spielen stören. Beim dritten Termin berichten sie, es gebe mittlerweile ernst zu nehmende Probleme. Die Auffälligkeiten hätten sich manifestiert. Der Kleine schlage andere Kinder und höre schlecht. Er bringe damit sich und die Gruppe in Gefahr. Die Pädagogen fragen die Eltern, ob es zu Hause Schwierigkeit gebe. Ob ihnen etwas auffalle. Nein, sagt die Mutter. Nein, sagt der Vater. Aber jetzt haben sie ein Problem. Und ein Problem-Kind.

Die Eltern sind entsetzt: Was ist falsch mit unserem Kind, wir haben doch alles richtig gemacht? Sie wissen es wirklich nicht. Die Ehe ist intakt, das Kind hat Freunde, es bekommt alles, was es will. Irgendwie sind Vater und Mutter von ihrem Sohn enttäuscht. »Während Kinder sich einzeln oder zu zweit meistens angepasst verhalten«, sagt der Züricher Jugendpsychologe Allan Guggenbühl, »verwandeln sie sich, wenn sie sich unter Gleichaltrigen wissen. Aus einem braven Mädchen wird eine tänzelnde Primadonna und aus einem schüchternen Buben ein Kung-Fu-Kämpfer. Es manifestieren sich Persönlichkeitseigenschaften, die oft auch in der Kleinfamilie kaum zu Tage treten. Wenn Kinder sich unter Gleichaltrigen wissen, dann leben sie ungehemmter ihre Phantasien, Wünsche und

Triebe aus. Die Stimmung, die Themen und die Dynamik, die in der Gruppe herrscht, erlauben ihnen, ihre Persönlichkeit darzustellen. Vater, Mutter oder Lehrpersonen treten als Orientierungsgröße in den Hintergrund. Die Diskrepanz zwischen dem Verhalten zu Hause und im Kindergarten oder der Schule führt oft zu heftigen Diskussionen zwischen Eltern und Lehrpersonen. Den Eltern fällt es schwer, die Schilderungen über die Wildheit, die Aggression oder das provokative Benehmen des Sohnes oder der Tochter nachzuvollziehen.«

Die Eltern fragen sich: Wenn wir unseren Sohn mit drei Jahren schon nicht in den Griff bekommen, wie soll das erst später werden? Die richtigen Herausforderungen kommen doch erst noch. Weil sie glauben, alles richtig gemacht zu haben, suchen sie Hilfe beim Kinderarzt. Beim Ergotherapeuten. Beim Erziehungsberater. Es wird analysiert, interpretiert, katalogisiert. Welche Störung hat unser Kind? HKS, ADS oder ADHD? Sie merken, es ist gar nicht so einfach, einen Termin zu bekommen. Die Wartezimmer sind voll mit Eltern und ihren Kindern. Sie alle hoffen auf eine Prognose für die nächsten Jahre.

Jedes dritte Kind hat heute bereits verschiedene Praxen durchlaufen, bevor es in die Schule kommt. »Die Gefahr«, sagt Psychologe Guggenbühl, »ist, dass wir uns enttäuscht von unseren Kindern abwenden, wenn wir keine Dankbarkeit und wenig Aufnahmebereitschaft vorfinden. Wir glauben an die Normalität der kindlichen Entwicklung und vergessen, dass viele die Kindheit amorph, anarchisch und unter permanenter Missachtung der Erwachsenennormen durchlau-

168

fen.« Nur ein Teil der Kinder sei bereit, sich über die normalen Erziehungsprogramme sozialisieren zu lassen; »für einen Großteil erfolgt die Einführung in die Gesellschaft durch widersprüchliche, lärmige Auseinandersetzungen mit den Erwachsenen. Mental wehren wir diese Tatsache durch den Einsatz von medizinisch-psychologischen Diagnosen und Medikamenten ab. Unsere Rolle ist nicht nur jene des liebevollen Begleiters, sondern auch des irritierten Gegenspielers, der viele Verhaltensweisen des Kindes nicht versteht.«

Als die Eltern sich bei Freunden umhören, sind sie ein wenig beruhigt: Was sie mit ihrem Sohn erleben, ist offensichtlich normal. Viele haben das Problem, unter jedem Dach ein Ach. Es ist ja auch klar, die Verhältnisse haben sich geändert, jeder steht unter Druck, und die Kinder sind einfach selbstbewusster geworden. Das ist eine Sichtweise, die harmlose Variante. Menschen, die tagtäglich diesem Phänomen begegnen, schlagen Alarm. Wie der Bonner Kinder- und Jugendpsychiater Michael Winterhoff. Er schreibt in seinem Bestseller »Warum unsere Kinder zu Tyrannen werden«: »Meine heutige Tätigkeit hat mit der Analyse des ›Systems Familie‹ in der überwiegenden Zahl der Fälle keinen gangbaren Ansatz mehr. Neurotische Störungsbilder sind zur Seltenheit geworden, dafür ist die beschriebene Entwicklungsfixierung in einem psychischen Alter von unter sechs Jahren die Regel geworden. Gab es vor 15 oder 20 Jahren etwa zwei bis vier auffällige Kinder pro Schulklasse, so hat sich das Verhältnis heute genau umgedreht: Von etwa 25 Kindern in einer Schulklasse sind heute noch zwei bis vier komplett unauffällig, alle anderen zeigen, in der Mehrzahl miteinander kombinierte, Störungsbilder.«

Woher die Kinder die wohl haben? Neulich hat eine Mutter, die von ihrem Mann getrennt lebt, von einem lustigen Erlebnis bei den Großeltern erzählt: Ihr Sohn habe gesagt, anstatt sich zu streiten, sollten sich Oma und Opa doch lieber trennen wie Mama und Papa. Da hätten alle herzlich gelacht.

Das Kind in Watte

Wenn Frauen mit 35 auf die Uhr schauen, um mit 40 Mutter zu sein, und in der Werbung von »Neuanschaffung« die Rede ist, wird die Geburt zu einem Verdienst und das Kind zu einem Luxus, den man sich leistet. In Watte packt. Vergöttert. Aber Kinder sind nicht dazu da, ihren Eltern das Leben schöner zu machen. Sie kosten Geld und Kraft, sie machen Schmutz und Arbeit. Soziologen haben errechnet, dass die Beschäftigung mit Kindern einen Mehraufwand von wöchentlich 25 Stunden bedeutet. Kinder kitten keine Beziehung. Die häufigsten Gründe, warum junge Eltern in den ersten drei Jahren auseinandergehen, sind Stress und der Streit um die richtige Erziehung. Der gemeinsame Haushalt wird zum Krisenherd, weil Vater und Mutter weniger Sex haben, kaum Zärtlichkeiten austauschen und selten in Ruhe miteinander sprechen. Dass Kinder nerven und anstrengend sein können, passt nicht ins Konzept von Friede und Freude. Wenn sie nicht pflegeleicht sind, werden aus anbetungswürdigen Geschöpfen mühsame Quälgeister.

Das undankbare Kind sieht nicht, was die Eltern alles möglich machen. Kinder-Uni und Klavierbegleitung. Urlaub in Übersee und drei Kugeln Eis am Tag. Unser Kind ist nicht so, wie wir es gerne hätten; wenn es nicht so wäre, wie es ist, würden wir es richtig lieb haben. Die vorher bedingungslose Liebe wird an Bedingungen geknüpft. Das Wolkenkuckucksheim gerät in Schieflage.

Der Geduldsfaden reißt, wenn die Bedürfnisse des Kindes immer weniger den Erwartungen der Eltern entsprechen. Mama und Papa wollen doch nur das Beste. Aber sie kriegen es nicht. Weil das Kind sucht, was seine Eltern unter allen Umständen vermeiden wollten: Streit. Die Stimmungen wechseln schnell, aus einer übertrieben freundlichen Begrüßung nach einem Wiedersehen wird rasch ein Brüllen, Schreien, Schimpfen. Angestaute Wut entlädt sich, die Kinder kriegen den Frust über einen misslungenen Tag ab, den Stress mit dem Partner, den Ärger im Büro.

Die Beziehungen zwischen Eltern und Kindern sind so zunehmend von Aggressivität geprägt. Einem latent gereizten Unterton: »Ich habe dir schon tausendmal gesagt, du sollst das sein lassen.« Väter und Mütter wissen, dass es nicht in Ordnung ist, Kinder zu schlagen. Wenn man sie fragte, ob ihnen mal die »Hand ausrutsche«, würden sie mit einer Klage wegen übler Nachrede drohen.

Sie wollen ihren Willen durchsetzen, wissen aber nicht, wie das geht. Es wird gezerrt und gezogen. Brüllende Babys werden bis zum Hirnschaden geschüttelt. Immer mehr Kinder beklagen Übergriffe ihrer Eltern. Eine kleine Ohrfeige, ein Klaps auf den Po, ein heftiger plötzlicher Griff an die Jacke: Komm, jetzt endlich. Beeil Dich. Wir haben keine Zeit. Ich muss los. Trotzanfälle stellen für Deutschlands Mütter die größte Herausforderung dar. Jede zweite Mutter mit kleinen Kindern beklagt sich darüber. Auseinandersetzungen ums Schlafengehen und Streitereien ums Essen und Fernsehen folgen. Nur jede fünfte Frau gibt an, keine dieser Situationen belaste sie besonders.

Amerikanische Wissenschaftler haben untersucht, wie Kinder die Qualität elterlicher Kommunikation beurteilen. Neun von zehn Kindern im Alter von drei bis sechs Jahren sind der Meinung, ihre Eltern schimpften die meiste Zeit, wenn sie was sagen. Die Väter und Mütter sehen das genau umgekehrt. Im Alter von 11 bis 17 Monaten erlebt ein Kind alle neun Minuten, dass ihm etwas verboten wird. 70 Prozent der Eltern kleiner Kinder bis zu sieben Jahren, das ist die Erfahrung des Schweizer Kinderarztes Remo Largo, bezeichnen ihre Söhne und Töchter als »ungehorsam«. Die Erwachsenen beklagen schlechte Tischmanieren, Unhöflichkeit, ungenügende Lernbereitschaft und Unordnung. Außerdem schauten die Kinder zu viel fern.

Viele Eltern meinen, ihre Autorität beruhe auf dem Umstand, dass sie erziehungsberechtigt seien. Dass die Kinder von ihnen abhängig seien und Vater und Mutter nicht enttäuschen wollten. Sie betrachten die Beziehung zu ihren Kindern als einen naturgegebenen Zustand, zu dessen Verbesserung sie nichts beitragen müssen. Wenn ihre Autorität aber nicht Ausdruck einer inneren Haltung ist und von ihnen nicht verkörpert wird; wenn ihre Kinder merken, dass Vater und Mutter schnell von einer Aufgeregtheit in die nächste geraten und alles andere als entspannt und sicher sind; wenn sie nicht entschieden sind in ihren Regeln und widersprüchlich in ihrem Reden; wenn sie versprechen, was sie nicht halten können; wenn sie nicht verbindlich sind und berechenbar; wenn sie die Integrität ihrer Kinder nicht anerkennen und ihnen nicht mit Achtung begegnen, dann wird Erziehung zur Farce.

Exhibitionistische Eltern und Vorführkinder

Vier von fünf Deutschen glauben, dass Eltern ihrer Erziehungsaufgabe nicht gewachsen sind. Das ergab eine Umfrage des Allensbacher Instituts für Demoskopie im Auftrag des Hamburger Magazins *Geo Wissen*. Eltern wären ihren Erziehungsjob los, wenn Kinder ihnen kündigen könnten. Liebe Mama, lieber Papa, so habe ich mir mein Leben nicht vorgestellt. Eure Arbeitsplatzbeschreibung sah anders aus. Es ist besser, wenn ihr geht. Kinder bringen dies aber nicht übers Herz, sie werden ihre Eltern immer lieben, diese Liebe sitzt in ihnen, ohne sie wären sie nicht auf der Welt. Auch missbrauchte und geschlagene Kinder sehnen sich zeit ihres Lebens nach gütigen und guten Eltern. Nach Eltern, die wissen, worauf sie sich eingelassen haben, denn die Kinder wurden nie gefragt, ob sie Lust hatten, auf die Welt zu kommen. Aber jetzt sind sie da, in guten wie in schlechten Zeiten, und man kann sie nicht mehr umtauschen, wie man früher sein Leben ändern konnte.

Anstatt ihre Kinder zu bewundern, wie sie langsam ins Leben wachsen, arbeiten Eltern ihre Erwartungen ab. Blaue Augen? Blondes Haar? Kann schon krabbeln? Kann schon sprechen? Ist schon trocken? Schlechtes Gewissen kompensieren sie mit permanenter Übertreibung. Powereltern preisen ihre Zuchterfolge in den höchsten Tönen. Ihre Tochter, ihr Sohn ist der Beste unter der Sonne. Etwas zum Vorzeigen. Sie laden die Menschheit im Internet zur Besichtigung ein. Wer ein bisschen besser formulieren kann, darf auch in Zeitschriften fabulieren: »Ich habe mit einem nachtaktiven, anstrengenden Vielfraß gerechnet. Bekommen habe ich einen beklemmend ausgeglichenen kleinen Mann, der charakterlich nur wenig nach mir kommt.« So beschreibt Bestsellerautorin Ildikó von Kürthy in der Zeitschrift *Eltern* ihr Vorführkind. Mütter laden zum Schaustillen in Cafés. Sie heißen »Diva Baby Lounge« oder »De Nino Kids&Coffee«. Väter im Erziehungsurlaub liefern Rechenschaftsberichte über sabbernde Säuglinge mit Brei-Vergiftung; ansonten loben sie die »supergute Feinmotorik« und sind besonders gut auf sich zu sprechen, weil sie mit ihren Hosenscheißern durch den Hausflur robben und »Kacki« rufen. Das Leben ist topp: Die Gütersloher Großbäckerei Mestemacher (»The lifestyle bakery«) sucht bereits den »Spitzenvater des Jahres«. Er wird mit einem Preisgeld von 5 000 Euro aufgewogen.

Nie zuvor gab es eine solch exhibitionistische Elterngeneration: Ihr Völker der Welt, schaut auf unser Baby! Treten Sie näher, aber bitte nicht anfassen! Achtung, Mangelware: Das gibt es so selten, da darf nichts drankommen. So beteiligen sich Väter und Mütter an der eigenen Demontage. Der neue Ehrgeiz verträgt sich nicht mit den alten Idealen von Fürsorge und Verzicht. »Die wachsende Abneigung von Menschen gegen Menschen konzentriert sich heute in der Vernachlässigung von Kindern«, schreibt der amerikanische Lyriker Robert Bly in seinem Buch »Die kindliche Gesellschaft«. »Je mehr die Würde und Macht der Eltern beschädigt wird, desto stärker sind die Kinder der Verführung ausgesetzt. Wir alle, die gegen die Vatermacht protestiert haben, waren anfangs erfreut über den Autoritätsverlust der Väter, doch das Bild verdüsterte sich zusehends, als wir merkten, dass die Kräfte, die den Vater demontierten, sich damit nicht zufriedengaben und sich gegen die Mütter wendeten. Mütter werden überall in ihrem Wert herabgesetzt.«

Die Emanzipation hat die Männer weicher und die Frauen härter gemacht. Frauen haben Männer in weiten Bereichen der allgemeinen wie beruflichen Bildung überholt. Starke und selbstbewusste Mädchen bekommen schneller Jobs als Jungen; die Leistungen der »Alpha-Girls« sind Maßstab geworden, Jungen hinken hinterher. Ihre Schulleistungen lassen seit den 1980er-Jahren kontinuierlich nach, unter Sitzenbleibern und Sonderschülern sind sie überproportional stark vertreten. Nach einer Untersuchung des Bundesbildungsministeriums erhalten sie bei gleichen Kompetenzen in allen Fächern schlechtere Noten. Und werden häufiger diszipliniert und zurechtgewiesen. Das schwache Geschlecht und der starke Mann sind Geschichte, die Rollen aber noch nicht neu verteilt. Meinten früher die Männer, alles im Griff zu haben, verstehen sich immer mehr Mütter als Superfrauen, die glauben, Kind und Karriere spielend miteinander verbinden zu können. Jetzt sind sie es, die mit Allmacht prahlen.

Eins, zwei, drei, vier Eckstein, alles wird perfekt sein: Die amerikanische Partnervermittlung ScientificMatch.com sucht über eine DNA-Analyse für knapp 2000 Dollar den bestmöglichen Partner. Eine Speichelprobe reicht. Die Frankfurter Firma Humatrix bietet einen »Gen Check«. Der Erbgut-Test kostet 400 Euro. Die Antibabypille brachte die erste Revolution, jetzt kommt die zweite. Bereits in drei Jahren soll es möglich sein, unbefruchtete Eizellen längerfristig einzulagern. Die sogenannte extended fertility, die ausgeweitete Fruchtbarkeit, ist das Top-Thema unter Reproduktionsmedizinern. Frauen geben in jungen Jahren ihre Eizellen ab und machen in Ruhe Karriere. Nichts ist unmöglich. Wenn ihnen dann irgendwann der richtige Mann über den Weg läuft, lassen sie die schockgefrorenen Eizellen auftauen und von ihrem Wunschpartner befruchten. Ein anonymer Spender tut es auch.

Dass dies funktioniert, bewies die Schwangerschaft einer 64-jährigen Türkin in Aschaffenburg: Sie hatte sich im Ausland die Eizelle einer jungen Frau einsetzen lassen und mit der Geburt einer Tochter einen lang gehegten Wunsch erfüllt. Eine Spanierin schaffte das sogar noch mit 67 Jahren. Kinder bis ins hohe Alter: »lifestyle egg freezing«, sagen die Amerikaner dazu. In Dänemark, wo die Krankenkassen die Kosten übernehmen, sind heute bereits 40 von 100 Kindern künstlich gezeugt. In Großbritannien erteilten die Behörden einem Ehepaar die Genehmigung, ein Embryo vor dem Einpflanzen in die Gebärmutter auf ein Gen zu testen, das zu hohen Cholesterinwerten und damit einem erhöhten Herzinfarktrisiko führt.

Allein ist die Frau und weg der Vater

Allein ist die Frau. Sie kann eine Familie gründen, wann immer sie will. Wenn es einen Vater gibt: gut. Wenn nicht: auch nicht schlimm. Schon heute schätzen viele die Vaterqualitäten eines Mannes gering und legen keinen Wert auf seine Einmischung in die Erziehung. Das sollten sie aber besser tun: Kinder, deren Väter eine aktive Rolle in der Familie spielen, erreichen ein höheres Bildungsniveau, rauchen seltener und werden weniger häufig kriminell. Das ist das Ergebnis der Early Childhood Longitudinal-Studie, einer der bekanntesten fortlaufenden Untersuchungen zu Familie und Kindheit, mit 22 000 englischen und amerikanischen Kindern.

Immer noch rennen viele Mütter dem Unterhalt hinterher, wenn sich Männer aus dem Staub machen; aber sehr viele Väter müssen auch nach einer Trennung um ihre Kinder kämpfen. In Deutschland erziehen, nach Angaben des statistischen Bundesamts, 20 Prozent der Mütter ihre Kinder ohne den Vater. 80 Prozent der Alleinerziehenden sind Frauen. Und acht von zehn Ratsuchenden in Erziehungsberatungsstellen sind Mütter mit ihren Söhnen. Sie schaffen es nicht, neben Job und Haushalt ihrem Kind auch noch den Vater zu ersetzen. Jungen wollen von ihrer Mutter umsorgt werden, sich aber mit dem Vater messen. Wenn der Vater fehlt, zielt der Angriff auf die Mutter: Wann verliert sie die Kontrolle? Ein Kind braucht den Vater. Ein Kind braucht die Mutter. So war es, und so wird es immer bleiben. Väter sind nicht bessere Mütter. Und Mütter keine besseren Väter.

Drei Millionen Alleinerziehende stehen vor Aufgaben, die vorher geteilt wurden. Wenn Beziehungen zerreißen, bleiben die Kinder übrig. Sie werden zum Partnerersatz. Für den Mann. Oder die Frau. Viele getrennt lebende Mütter und Väter haben kaum Zeit, einen neuen Partner zu finden oder keine Kraft für einen neuen Anlauf. Das muntere Mit- und Durcheinander in Patchwork-Familien muss auch erst gemeistert werden. Im Fernsehen ist diese Form der Zusammenführung gerade en vogue: kaum ein Sender, der nicht Paare mit Kindern von früheren Partnern zu Bilderbuchfamilien befördert. Der Alltag sieht meist anders aus. Patchwork heißt Flickenteppich: Er bleibt auch ausgerollt zweite Wahl.

Ein Kind, zwei Wohnungen, vier Bezugspersonen: kann gut gehen, muss aber nicht. Die Kinder schultern große Last. Sie übernehmen Rollen, die ihnen nicht zustehen. Wenn Eltern auch noch darauf drängen, von ihren Kindern geliebt zu werden, weil sie selbst bedürftig sind, brechen die Kleinen zusammen. Das kriegen sie nicht hin.

Viele Eltern suchen Orientierung bei denen, die selbst Orientierung brauchen. Sie richten sich nach ihren Kindern, nicht umgekehrt. Diese Eltern schützen Kinder nicht vor ihren eigenen Problemen: Sie beziehen sie ein. Es gibt keine Geheimnisse mehr. So geraten die Sorgen der Erwachsenen zu Sorgen der Kinder. Sie unterscheiden nicht zwischen sich und ihrem Kind. Kinder sind in die Gefühlswelt der Eltern emotional verstrickt und dem Auf und Ab ihrer Befindlichkeit ausgeliefert. Der Psychologe Wolfgang Bergmann nennt dieses Durcheinander »narzisstische Kollision«.

So wird die Kindheit immer kürzer. Zwischen Sandkasten und erstem Sex passt kaum Zeit. In den USA gelten sieben- oder achtjährige Mädchen nicht mehr als »anormal«, wenn ihre Brüste zu wachsen beginnen. Auch Übergewicht fördert Frühreife: Das Hormon Leptin regt in den Fettzellen die Produktion der Geschlechtshormone an.

Für viele Jungen beginnt die Pubertät bereits mit zehn Jahren. In Deutschland lag 1900 das Durchschnittsalter, in dem die erste Menstruation eintrat, bei ungefähr 14 Jahren; 1979 bei etwa zwölf Jahren. Jetzt hat der Landauer Sexualwissenschaftler Norbert Kluge hochgerechnet, dass Mädchen im Jahr 2010 durchschnittlich mit zehn oder elf Jahren ihre erste Regel bekommen werden. Mädchen lassen sich schon mit elf Jahren die Wimpern verlängern, und Jungen prahlen schon mit 13 von ihrem ersten Geschlechtsverkehr. Und Jungen erreichen schneller ihre endgültige Körpergröße.

Kinder sind sie dann immer noch. Doch wenn sie Pech haben, werden sie nie erwachsen. Die »postpubertäre Phase« zieht sich bei vielen bis ins dreißigste Lebensjahr hinein. Erwachsen zu werden, war noch nie so schwer wie heute. In meiner Generation, es ist wirklich noch nicht so lange her, war es klar, mit 18, spätestens mit 20 Jahren das Elternhaus zu verlassen. Heute wohnt jeder vierte Jugendliche zwischen 18 und 30 Jahren noch bei seinen Eltern. Im Hotel Mama wird gekocht, gewaschen, gestreichelt. Nur die italienischen Schürzenjäger bleiben noch länger bei Mutti: vier von zehn 30- bis 34-Jährigen hängen noch an ihrem Rockzipfel. Die Mutterliebe steigert sich zum »Mammismo«.

Das durchschnittliche Heiratsalter verschiebt sich seit 30 Jahren nach hinten: Männer heiraten mit 37 Jahren, Frauen mit 34 Jahren. Und danach sind sie oft immer noch nicht sicher, ob es die richtige Entscheidung war; in den Großstädten wird jede zweite Ehe geschieden. Die Trennung der Eltern gehört im Leben heutiger Kinder und Jugendlicher fast schon zur Normalität. Viele Kinder lernen immer neue Partner ihrer Eltern kennen und lernen so, dass nichts von Dauer ist und es keinen Sinn hat, sich auf lange Sicht emotional zu binden. In einem Ratgeber, wie Kinder auf dem Schulhof unangenehmen Situationen mit scharfen Worten begegnen, rät ein »Schlagfertigkeitstrainer« zu der Bemerkung: »Sind deine Eltern noch zusammen? Dabei guckt man den anderen angriffslustig an.«

Alle werden jünger, nur die Kinder nicht

Unsere Gesellschaft kommt aus der Pubertät nicht heraus: So richtig erwachsen wollen Erwachsene heute nicht mehr sein. Im Internet kursiert folgender Text: »Hiermit erkläre ich öffentlich meinen Rücktritt vom Erwachsensein. Ich habe beschlossen, die Bedürfnisse einer Sechsjährigen zu leben. (…) Was ist mit der Zeit geschehen, zu der wir glaubten, das Schlimmste, was uns passieren könnte, wäre, dass uns jemand unser Springseil wegnimmt und uns als Letzten in die Handballmannschaft wählt? Ich möchte wieder einfach leben. Ich möchte nicht, dass meine Tage aus Computerabstürzen, Bergen von Akten und deprimierenden Nachrichten bestehen. Ich möchte an die Kraft eines Lächelns, einer Umarmung, eines netten Wortes glauben, an Wahrheit, Frieden, Träume und an die Kraft, die davon ausgeht, im Liegen Rauschgoldengel in den frischen Schnee zu formen. Ich möchte wieder sechs sein.«

Großer Mann, was nun? Die Erwachsenen von heute wollen auf den Schoß. Da gehören sie aber nicht hin. Sie sollen sich gefälligst um die Kinder kümmern und ihnen eine gute Zeit schenken, anstatt ihnen ihre Kindheit zu klauen. Wo sollen die Kinder bleiben, wenn sich die Älteren überall breitmachen? Der letzte richtige Erwachsene scheint Helmut Schmidt zu sein, er gibt Antworten und stellt nicht nur Fragen. Er vergleicht sich nicht ständig mit anderen, akzeptiert das Älterwerden und den Tod und ist in der Lage, Nein zu sagen. Und ist sich seiner selbst sicher. Kaum eine Woche, in der er nicht öffentlich gebeten wird, das Durcheinander in der Welt und in den Beziehungen ein bisschen zu ordnen.

Heute herrscht Verwirrung, weil niemand mehr weiß, was eigentlich einen Erwachsenen ausmacht. Ist es die Fähigkeit, sich mit seinem Schicksal zu versöhnen? Zu wissen, dass nicht alles geht? Fähig zu sein, Verzicht zu üben?

Sind Erwachsene imstande, nicht unentwegt nach Lust und Unterhaltung zu verlangen? Grenzen zu akzeptieren, auch die des eigenen Lebens? Sollten Erwachsene nicht in der Lage sein, den Jüngeren das Leben zu erklären? Fragen über Fragen.

Die Erwachsenen von heute laufen dauergewellt dem ewigen Leben hinterher. Was waren das für Zeiten, als ein Talkmaster wie Hans-Joachim Kulenkampff im Fernsehen den väterlich-gütigen Typen verkörperte, zu allen Späßen aufgelegt und doch kein Clown war. Nie wäre er von einem Zehn-Meter-Turm gesprungen, nie hätte er seinen Po in einen Wok gezwängt, um das Volk zu belustigen. Heute macht sein blondgelockter Nachfolger Thomas Gottschalk jeden Blödsinn mit und verteilt Gummibärchen. Das Fernsehen ist voll von schrillen Riesenbabys, die sich als niedlich-neckische Moderatoren gefallen. Nena findet alles »geil«, und DJ Ötzi gibt den Kindergarten-Onkel. Neue deutsche Bands singen von der schönen Zeit auf dem Schulhof, sie heißen Kettcar oder geben sich, wie Tomte, Namen aus Astrid-Lindgren-Büchern. Ihr Held ist Balu, der Bär.

Ohne eine klare Vorstellung davon, was es bedeutet, erwachsen zu sein, gibt es keine klare Vorstellung davon, was Kindheit bedeutet. Die Kinder von heute werden unterfordert und überschätzt. Viele Eltern verstehen sich als Freunde und Kumpel. Sie ziehen mit zweijährigen Kindern bei Halloween um die Häuser. Forty something-Mütter tragen bauchfrei und lassen sich glätten: Sie weigern sich, ihre Stirn in Falten zu legen. Madonna ist Mama knackig und das große Vorbild. Das größte Kompliment für Mütter: »Ist das deine Schwester?« »Nein, meine Tochter.« Im trendy New York schleppen Eltern ihre Kleinsten in die Mutter-Kind-Disco. Vor dem Club Element parken Buggys, drinnen tanzen Supermamis in pinkfarbenen Turnschuhen und Glitzerjeans. Sie tragen Pippi-Langstrumpf-Zöpfe und werfen mit Popcorn. Das entspannt.

Wir werden nicht älter, wir bleiben immer länger jünger. Männer gehen in der Lebensmitte zum Arzt und bekommen zu hören, dass sie, biologisch gesehen, »noch 20 Jahre lang 40 sein können«. Rentner rasen auf Rollschuhen durch die Stadt und Schauspieler auf Rollerblades zur Oscar-Verleihung. Über ein Drittel der Snowboard-Fahrer ist älter als 35, jeder dritte Käufer von Handy-Spielen über 30 Jahre alt.

Die Grenzen zwischen den Generationen verschwinden. Wir sind jung, wir kennen keine Sorgen: Aus Oma und Opa werden »der Gunter« und »die Helga«. Stadtplaner entwerfen, wie in Berlin und Nürnberg, Spielplätze für Senioren. Die wollen auch mal wieder schaukeln. Nintendo tourt neuerdings durch Altersheime. Die Hersteller von Spielkonsolen haben Rentner als neue Zielgruppe ausgemacht. Sie spielen Tennis ohne Ball und Kegeln ohne Bahn.

Kinder wundern sich, wie wir faltigen Bekannten dreist ins Gesicht lügen, wie jung sie dreinschauen. In Fitness-Studios kämpfen juvenile Rentner gegen den Verfall, die Jugend dehnt sich bis ins hohe Alter. Ich fühle mich erschlagen von Ratschlägen und Hinweisen und Anleitungen zu lebensverlängernden Maßnahmen. Ich bin angewidert von Versprechen, zehn Jahre jünger aussehen zu können. Von Botox, Peeling, Lidstraffung, Anti-Aging und Nadelstichen in Tränensäcke. Von Ernährungsplänen und Gesundheitswarnungen und dem Verweis auf Haltbarkeitsdaten. Und Anzeigen wie: »Power Plate: Traumfigur auf Knopfdruck. Maximale Ergebnisse in kürzester Zeit.«

Für immer jung, für immer gesund, für immer schön, für immer gut drauf: In Amerika erschien 2008 ein Bilderbuch für drei- bis siebenjährige Kinder, das ihnen Transplantationen nahebringt. In »My Beautiful Mommy« erklärt Schönheitschirurg Dr. Michael Salzhauer den Kleinen, dass sie auf die neue Stupsnase, die größere Brust und den kleineren Bauch ihrer Mutter stolz sein können. Und sich um Wickel und Verbände nicht sorgen müssten. Alle werden jünger, nur Kinder nicht. Die coolsten Väter und Mütter Deutschlands wohnen in den Szenevierteln der großen Städte. Im Frankfurter Nordend, im Hamburger Schanzenviertel, am Prenzlauer Berg in Berlin. Sie sind mit Caps und Kapuzenpullis und Cordjacken unterwegs und als Berufsjugendliche kaum von ihren Kindern zu unterscheiden. Die Latte-macchiato-Eltern ziehen von Coffeeshop zu Coffeeshop oder richten gleich selbst Mutter-Kind-Cafés ein. Ihre geringste Sorge ist, dass ihre Kinder zu dick werden: Die kommen mit Croissants über die Runden und meistens ohne Frühstück in die Schule, weil ihre schlanken Mütter erst am Mittag die Mikrowelle anwerfen. Nach dem Kind ist vor dem Kind: Ihren »urban lifestyle« wollen diese Eltern nicht ändern. Sie nehmen ihre Kinder überall hin mit; schon können sich Gastwirte im Internet Bastelbögen herunterladen, damit die Kleinen im Familienrestaurant mit angeschlossenem Erlebnis-Biergarten »Wartezeiten mit kreativen Aufgaben überbrücken«.

Wie sehr sich Mütter und Väter als Projektmanager verstehen, zeigt ein kurzes Gespräch mit einem Vater im *Trendreport* des Frankfurter Zukunftsinstituts. »Als Vater oder Mutter muss man nämlich unglaublich viel koordinieren und recherchieren, weil man sonst nicht rausfindet, welche Angebote es eigentlich gibt oder welche Kindertagesstätten wirklich gut sind. Da braucht man schon Ausdauer und Beharrlichkeit. In der Zeit, als wir nach einer Kita gesucht haben, da hatten wir zu jeder Zeit unseren Lebenslauf mit Foto als Farbkopie in der Tasche stecken – nur für den Fall, dass man zufällig an einer Kita vorbeiläuft. Dann geht man rein, gibt den Lebenslauf ab, und die Leute haben prompt ein gutes Bild von einem – was dann bei der Vergabe der Plätze hilfreich sein kann. Das sind so die Tricks, die man braucht, um mitzuspielen.«

Coole Eltern, betrunkene Kinder

Die Amerikaner haben dem Durcheinander einen Namen gegeben: Aus »Kid« (Kind) und »Adult« (Erwachsener) wird »Kidult«. Die Unterschiede verschwinden und verschmelzen. Für dicke Kinder gibt es schon extra Laufbänder, damit sie nicht draußen rennen müssen. Achtjährige kennen alle Texte von Tokio Hotel. Bei Konzerten geben sie ihre Eltern in der »Eltern-Lounge« ab. Damit die sich nicht Schilder ansehen müssen wie: »Fick mich durch den Monsun.« Neunjährige flippen aus, wenn Lafee, ein Ziehkind von *Bravo* und *Viva*, in ausverkauften Hallen brachiale Auftritte hinlegt. Die 17-Jährige tanzt wie ein Go-Go-Girl ohne Stange und schreit Sätze wie »Ich wünsch dir ’nen Bazillus und alles Schlechte nur für dich« in den Saal. Zwei von 100 Zehnjährigen rauchen Zigaretten, bei den 13-Jährigen sind es schon sieben Prozent. Jedes dritte Kind in dem Alter trinkt regelmäßig Alkohol, immer mehr landen nach Saufgelagen in der Notaufnahme. In Berlin soff sich ein 16-jähriger Junge nach 45 Tequila in einem sogenannten Flatrate-Wetttrinken zu Tode. Über 60 Prozent der Neun- bis 14-Jährigen stufen Alkohol, Tabletten und Zigaretten nicht als Drogen ein. Die Zahl junger Patienten mit Alkoholvergiftung hat sich in den vergangenen fünf Jahren verdoppelt. Komasaufen ist trendy.

Noch beschäftigt das exzessive »Kampftrinken« vermeintlich erwachsener Kinder hierzulande nur Mediziner in der Notaufnahme und besorgte Polizisten; aber immer mehr Kinder trinken sich ins Koma, weil sich zu Hause niemand um sie kümmert und sie Bestätigung auf der Straße suchen. Am Wochenende werden Discotheken und Kneipen zu Schlachtfeldern gesellschaftlichen Verfalls: Auf der Hamburger »Kidults«-Meile, der angesagtesten Deutschlands, verbot die Polizei jetzt den Besitz von Waffen, vor allem den von Messern. Eine ohnmächtige Maßnahme in Zeiten gesellschaftlichen Verfalls. In Großbritannien ist bereits zu besichtigen, wie weit die Verwahrlosung fortgeschritten ist. Betrunkene Kinder und Jugendliche liefern sich Bandenkriege, 2007 starben allein in London 27 junge Menschen. Erwachsene, die eingreifen, werden selbst zu Opfern, im Vollrausch fallen alle Schranken. Es ist normal, Wehrlose zu quälen und auf dem Boden Liegende auch noch mit der Handykamera zu filmen.

Die Zeiten sind vorbei, als die Eltern allein bestimmen konnten, was ihre Kinder wissen sollten. Sie hielten das Wissen über Sexualität, Krankheit oder Tod so lange zurück, bis ihre Kinder alt genug waren, um Informationen einzuordnen und angemessen damit umzugehen. Heute haben Kinder das Gefühl, bei jedem Thema mitreden zu können und auch »erwachsen« zu sein. Spät geboren und früh gereift, stürzen sie sich aufs Telefon (»Papa, wer hat da angerufen?«) und hören mit, wenn die Eltern Probleme besprechen. Über die Medien sind Kinder über alles informiert, was sie nichts angeht. In Talkshows wird jedes Tabu besprochen.

Bei den »Simpsons«, der bei jungen Alten und alten Jungen gleichermaßen beliebten Zeichentrickserie, findet das Durcheinander seinen Höhepunkt. Der Vater hat seine frühreifen Kinder nicht im Griff, seine Saxophon spielende Tochter Lisa doziert über die Ausbeutung der Arbeiterklasse und die Gleichberechtigung der Frau. Sie gibt Haushaltstipps, während ihr Bruder Bart nur dem Geld hinterherrennt. Er sagt seinen Eltern Sätze wie: »Wisst ihr, ich glaub, ich hab eine Menge Scheiß gebaut, und jetzt zahl ich wohl den Preis dafür. Und dabei gibt es so viele Dinge im Leben, die ich nicht mehr tun kann: eine Zigarette rauchen, einen gefälschten Ausweis benutzen, mir etwas Schweinisches in die Haare hineinrasieren.« Die Figuren sind cool und abgebrüht und bindungslos. Die Kinder tanzen den Erwachsenen auf der Nase herum; für sie ist Familie eine Notgemeinschaft, aber immer noch besser, als alleine zu sein.

Wundert es da, wenn der japanische Pharmakonzern Takeda in den Werbepausen Schlafmittel für Kinder bewirbt? In einem Fernsehspot kurz vor Beginn des Schuljahres hieß es: »Wir möchten euch daran erinnern, dass die Schule wieder anfängt. Fragt den Arzt, ob diese Pillen was für euch sind.«

Das Fundament des Lebens

Gut gekleidet und schlecht erzogen

Kinder haben es schwer. Sie sind viel zu wenige, und die wenigen haben viele Probleme. Psychiater warnen, dass aus ihnen Tyrannen werden. Wirtschaftsführer beklagen eine »nachlassende Ausbildungsreife«. Psychologin Jirina Prekop, die Grande Dame der deutschen Pädagogik, stellt mitleidig fest: »Die Kinder von heute sind arme Würstchen.«

Normal ist nichts mehr. Die Großen sind sich selbst gefällig, und die Kleinen entweder gestört oder hochbegabt, Wunderkinder oder Prügelknaben. Sie werden analysiert, dressiert, katalogisiert. Funktionieren sie nicht, wie ihre Eltern wollen, landen sie in der Praxis von Therapeuten: »Herr Doktor, unternehmen Sie was!« Die Ärzte melden eine Wahrnehmungsstörung und verschreiben Pillen. Ritalin stellt enttäuschte Eltern ruhig.

Auch das Fernsehen führt die Kinder vor. In den Anstalten tummeln sich Wickel-Kandidaten und Super-Nannys, Talkrunden zehren vom Gezeter der Pädagogen. Im betreuten Programm holen Sozialarbeiter Kinder von der Straße oder lassen sie als Strafe steinschwere Rucksäcke durch die Wüste schleppen. Kindheit gerät zum Format und Häme zum Prinzip. »Deine Stimmbänder gehören in den Mülleimer«, brüllt

Dieter Bohlen zur besten Sendezeit, wenn Deutschland den Superstar sucht. Während Model Heidi Klum eher das magersüchtige Publikum anspricht, weniger aus seinem Typ zu machen, bittet im ersten Programm Lieblings-Schwiegersohn Jörg Pilawa zum »Großen Erziehungstest«. Der Frank Elstner macht da mit, er hat fünf Kinder von vier Frauen. Und der transatlantische Vater Boris Becker zahlt für drei Kinder auf zwei Kontinenten. Wer Wimbledon erobert, schafft auch Patchwork. Neulich sprach Nationaltorhüter Jens Lehmann in so einer Quasselrunde einen Erziehungsberater an, ob es seiner zweijährigen Tochter schaden würde, an alkoholfreiem Bier zu nuckeln. Da musste der Keeper aber erstaunte Blicke einfangen.

Die Kinder von heute sind gut gekleidet und schlecht erzogen. Früher mussten sie sich benehmen, heute sollen sie sich beeilen. Modemacher Karl Lagerfeld, der mit dem Zopf, rät allen Kindern: »Entweder du machst auf erwachsen, oder hältst gleich den Mund.« Wer das versteht, begreift, warum sich der Mann hinter einer Brille versteckt.

Kinder nerven, Kinder lärmen. Sie reden dazwischen und bringen alles durcheinander. Wer Kinder in die Welt setzt, kommt zu nichts anderem mehr, als sich um sie zu kümmern. Partner kommen und gehen, Kinder bleiben. Sie sind eine echte Herausforderung.

Kinder werden bisweilen in den Himmel gehoben. Für den Anthroposophen Rudolf Steiner sind sie »Sendboten einer höheren Welt«. Für den amerikanischen Psychologen G. Stanley Hall » die Urform des Menschen«. »Kinder sind großartig.

Und Kinder können verdammt nerven«, fasst Silvana Koch-Mehrin, die Frontmutter der FDP, ihre bisherigen Erfahrungen ausgesprochen liberal zusammen. Insgesamt betrachtet, haben Kinder einen ziemlich schlechten Ruf. »Erziehen Eltern ihre Kinder im Großen und Ganzen zu autoritär, oder lassen sie ihren Kindern zu viel Freiraum?«, fragte das Meinungsforschungsinstitut TNS Infratest 2005 im Auftrag des Nachrichtenmagazins *Spiegel*. Vier von fünf Deutschen erklärten, Kinder seien in den vergangenen Jahren zu liberal erzogen worden. Was die Leute meinen, ist: Kinder haben zu viel Freiheit. Sie tanzen ihren Eltern auf den Köpfen herum, anstatt die Füße unter ihre Tische zu strecken.

Der Streit um die richtige Erziehung ist voll entbrannt. Erst bestimmten die Eltern über ihre Kinder – das war vor 1968. Dann bestimmten die Kinder über ihre Eltern – das war danach. Heute weiß keiner mehr so genau, wer das Sagen hat. Viele Eltern haben so viel zu tun, dass ihnen für Kinder eigentlich keine Zeit bleibt. Und andere Eltern haben sich das Leben so eingerichtet, dass sie nur noch für ihre Kinder Zeit haben. Was, bitte, ist denn nun richtig? Fulltime? Oder Teilzeit? Sollen wir verbieten und Nein sagen? Oder erlauben und Ja sagen? Adler an Taube, Erde an Weltall: Wir haben ein Problem!

Grenzen setzen vor Verwöhnung

Stillschweigend, Aufklärung hin, Aufklärung her, haben sich die meisten Erziehungsberechtigten bereits geeinigt. Wenn die Welt schon so unübersichtlich ist und die Zeit aus den Fugen, sollte zumindest zu Hause ein bisschen weniger Unordnung herrschen. Die Erziehung ein Korsett bekommen. Das Sehnen nach Enge und Strenge hat längst Eltern erreicht, die in jungen Jahren alte Autoritäten bekämpften. Wenn man Eltern heute fragt, was ihre Kinder am meisten brauchen, fallen schnell zwei Worte: »Grenzen« und »setzen«. Das sind die neuen Wörter für »Zucht« und »Ordnung«. Väter wie Mütter murmeln »Grenzen setzen« wie Mönche ihr Mantra. Dieser Glaubenssatz wurde bereits von Weltkulturerbe Madonna, der Schein-Eiligen unserer Zeit, abgesegnet: »Wie alle Eltern träume ich von super pflegeleichten Kindern. Da bietet die Begegnung mit der Realität viel Frust. Es ist nun mal so, dass auch mein Nachwuchs sich meistens weigert, das zu tun, was man von ihm erwartet. Ich akzeptiere das, so ist nun mal das Leben. Aber trotzdem muss ich darauf reagieren. Ich bin vielleicht streng, aber wahre die Verhältnismäßigkeit, denn es sind ja immerhin Kinder. Außerdem werden sie nur störrischer, wenn man zu streng ist. Aber Kinder brauchen auch Grenzen, sonst drehen sie durch.«

Die Kleinen sollen artig und gehorsam sein und möglichst keine Arbeit machen. Mama ist ja schon Rebellin genug. »Grenzen setzen« ist zum Ordnungsruf einer nach Prinzipien suchenden Elterngeneration geworden, die in einer haltlosen

Zeit Halt sucht. »Es ist bemerkenswert und äußerst bedenklich«, sagt der dänische Familientherapeut Jesper Juul, »dass das Bedürfnis der Erwachsenen, den Kindern Grenzen zu setzen, im selben Maße gestiegen ist, in dem der physische und psychische ›Spielraum‹ der Kinder dramatisch eingeschränkt wird. Viele sehen nur, dass Kinder heutzutage ›freier‹ im Umgang mit Erwachsenen sind und von der Wirtschaft als Konsumenten geschätzt werden. Sie haben jedoch keinen Blick dafür, dass die Möglichkeiten der Kinder, nach ihren eigenen Vorstellungen und ohne die Einmischung von Erwachsenen miteinander zu leben und zu spielen, allmählich gegen Null gehen.«

Liegen die Erziehungsprobleme von heute an den Eltern oder an den Umständen? Es liegt wohl eher daran, dass die Eltern mit den Umständen nicht klarkommen. Wir wissen kaum noch, wie wir uns verhalten sollen. Was richtig und was falsch ist. Die Suche nach Fertigkeiten, Vorschlägen und Methoden hält an. Wie viel Zeit wofür? Wann sage ich Nein? Wie bekomme ich es hin, dass meine Tochter freiwillig den Fernseher abschaltet? Wie schaffe ich es, dass mein Sohn auf mich hört? Neben den Elternbetten stapeln sich Fragen: Soll ich mit meinem Kind sprechen, bevor es auf der Welt ist? Wie viel Zärtlichkeit braucht es? Ist es erlaubt, mit fremden Kindern zu schimpfen? Wie viel Kilogramm darf ein Ranzen wiegen? Der Ratgeber, wie man das Gerümpel im Kinderzimmer mit Hilfe der fernöstlichen Harmonielehre Feng Shui ordnen kann, ist leider schon vergriffen.

Die Berater-Gesellschaft hat die Kinderzimmer erobert.

Tipps und Tricks für Eltern sind ein Riesenmarkt. Für Ratschläge, ihren Nachwuchs besser in den Griff zu bekommen, geben sie jährlich 750 Millionen Euro aus. Die Angebote nennen sich Positive Parenting Programm, kurz Triple P oder Dialogische Begleitung. Bei »Kess« lernen Eltern Erziehung auf die »kesse Tour«. Die Buchstabenfolge steht für »kooperativ«, »ermutigend«, »sozial« und »situationsorientiert«.

In den Buchhandlungen füllen Kinderflüsterer die Regale. Sie bieten Fachliteratur für jedes Temperament. Die schriftlichen Bedienungsanleitungen für das komplexe System Kind sind kaum noch zu überblicken. Auf dem deutschen Markt finden sich über 350 Titel mit Versprechen, eines größer als das andere: »Jedes Kind kann Regeln lernen«, »Jedes Kind kann Krisen meistern«. Kinder können kaufen, laufen, kauen lernen. Hey Leute, kauft beim Trödler Abraham: »Wenn Kinder trotzen« oder »Wackeln die Zähne – wackelt die Seele«. Unternehmensberater bieten »Coach dein Kind« oder »Papa ist die beste Mama«. Für ganzheitlich orientierte Überpfleger empfiehlt sich das »Dalai Lama-Prinzip für Eltern«. Meditation sei überall möglich, »auf dem Spielplatz, im Haushalt, beim Warten an der Bushaltestelle, auf dem Weg zur Arbeit oder zur Kinderkrippe«. Babys sollten mit »Shiatsu-Streicheln willkommen geheißen werden«, und Akupressur soll helfen, »Situationen gelassen anzunehmen«. Kinder könne man auch als »spirituelle Lehrer« betrachten, weil sie im Augenblick leben, was ihre Eltern gerne würden und wofür sie auf bewusstseinserweiternden Seminaren so viel Geld ausgeben.

Eine der erfolgreichsten Dressuranleitungen aus dem Gleichmacher-Fundus ist der Ratgeberband »Jedes Kind kann schlafen lernen«. Das Werk gehört mittlerweile neben Wickelkommode und Wiege zur Grundausstattung eines Kinderzimmers und hat sich über eine halbe Million Mal verkauft. Diese Bedienungsanleitung für Babys legt Zeiten fest, wie lange Eltern ihr Kind schreien lassen können, ehe das Gewissen ruft. Den Eltern wird geraten, das Kind nicht gleich beim zweiten Brüller aus dem Bett zu holen und es im Arm zu wiegen. Sondern erst einmal zu warten, wie lange das Kind unglücklich ist. Manche Babys wachen nur kurz auf, sind erschrocken und schlafen wieder ein. Andere schreien sich die Seele aus dem Leib. Das gilt es, voneinander zu unterscheiden. Also erst ins Buch schauen und dann auf die Uhr. Die Zeit zählen und überlegen, wie ernst es dem Schreihals ist.

Ich habe das auch getan und mich nicht wohl gefühlt dabei. Es war schrecklich, sich langsam in Richtung Kinderzimmer zu schleichen und mein Gefühl einem Programm zu opfern. Es ist eine elende Dressur, wenn Maßeinheiten festgelegt, ab wann Kinder ihre Eltern nur belästigen wollen oder sich wirklich in Not fühlen. Dann wird leise gezählt, bis die Zeit reif ist für das Selbstverständlichste auf der Welt: seinem Kind das Gefühl zu geben, nicht verlassen zu sein. Jedes fünfte Kleinkind wacht nachts auf, ohne dass darüber ein Buch geschrieben werden muss. Einfach so, wie auch kein Erwachsener durchschläft.

Viele Eltern meinen, ihre Kinder zu »verwöhnen«, wenn sie auf deren Bedürfnisse eingehen. »Diese Angst ist typisch deutsch«, sagt Karl Heinz Brisch, Leiter der Abteilung für Pädiatrische Psychosomatik und Psychotherapie am Kinderspital der Universität München. Der Oberarzt beobachtet immer wieder, wie Eltern die Zeichen ihres Kindes falsch deuten. »Verwöhnung entsteht, wenn Eltern sich nicht mit ihren Kindern auseinandersetzen.«

In den ersten Monaten können Eltern ihr Kind gar nicht genug verwöhnen. Menschenkinder sind, im Gegensatz zu Tierbabys, nach der Geburt nicht in der Lage, auf eigenen Füßen zu stehen. Wir sind hilflos und darauf angewiesen, die nächsten Monate und Jahre in einer geschützten Umgebung das Leben zu lernen. Das verträgt keine Aufregung. Jede heftige Bewegung, jeder böse Blick stürzt ein Kind in Bedrängnis. Die Geburt bedeutet die Vertreibung aus dem warmen Paradies; nach neun Monaten ist es höchste Zeit zu gehen. Es ist die letzte Gelegenheit, sich durch den engen Geburtskanal zu zwängen. »Irgendwann sind Babys so groß, dass sich die Mutter nur noch im Watschelgang vorwärtsbewegen kann«, sagt der holländische Biologe Midas Dekkers. »Ein paar Wochen länger in ihrem Bauch, und es wäre ihr sicherer Tod. Dennoch würde das Kind am liebsten noch eine Weile dort bleiben. Es ist noch lange nicht fertig für die Welt draußen. Der Konflikt endet in einem Kompromiss, der beiden Parteien die größte Überlebenschance einräumt.«

Säuglinge können nur empfinden, sie können nur fühlen: Fühlen kommt vor dem Verstehen. Wie viel Kinder bereits in den ersten Wochen und Monaten lernen, wies der amerikanische Kinderarzt T. Berry Brazelton nach. Er filmte eine Gruppe von Müttern, als sie ihre Babys hielten und fütterten. Zwanzig Jahre später wiederholte er das Experiment. Aus den Babys waren selbst Mütter geworden. Sie hielten ihre Kinder in der gleichen Art, wie sie selbst gehalten worden waren. Sie hatten keine bewussten Erinnerungen daran, aber ihr Körper hatte sich die Haltung gemerkt.

Wachsen lassen, laufen lassen

Im Grunde genommen ist Erziehung einfach, wenn Väter und Mütter von Anbeginn auf die Signale ihres Kindes achten. Kinder sind die besten Erziehungsberater. Nur können viele Eltern sie nicht lesen. Oder blättern schnell weiter. Kinder brauchen Geborgenheit, Liebe, Respekt, Zuwendung, Verlässlichkeit. Ob Eltern aber über das Dechiffrieren der Buchstaben in den unzähligen Ratgebern hinaus ein Gefühl von Geborgenheit vermitteln können, steht infrage. Diese Fähigkeit kann man sich nicht anlesen. »Zu lernen und nicht entsprechend zu handeln, ist kein Lernen«, sagt der amerikanische Unternehmensberater Stephen R. Covey. »Zu wissen und dies nicht umzusetzen, ist kein Wissen.«

Mit jeder Geste des Respekts, des Schutzes und der Fürsorge wachsen Kinder über sich hinaus. Wenn sie sich selbst sicher sind, ertragen sie auch Frust und lernen Gefühle wie Wut oder Angst zu beherrschen: Es ist schlimm, aber meine Mutter ist bei mir. Ich habe meinen Willen, aber meine

Eltern wissen es besser. Sie bleiben auch bei mir, wenn es mir schlecht geht: So fühlen sich Kinder wunderbar geborgen und erkennen die Autorität von Vater und Mutter an.

Im ursprünglichen Wortsinn kennzeichnet »Autorität« nicht die Gewalt von Amtsmännern oder die Herrschaft des Stärkeren, sondern die »als vorbildhaft anerkannte Macht«. Das Wort ist vom lateinischen »augere« abgeleitet und kann mit »wachsen lassen« übersetzt werden. Menschen mit Autorität sind Vorbilder, die Wachstum ermöglichen. Das Strecken fördern, nicht das Beugen. Wer dann als Kind erlebt hat, dass es in Ordnung ist, traurig zu sein, wütend oder beleidigt, und den Trost anderer zulässt, wird als Erwachsener diese Gefühle nicht verdrängen. Er wird Nähe erlauben und ein Versagen akzeptieren. Gelernt haben, dass man ruhig auch mal hilflos sein kann. Nicht weiter weiß. Und die Schwäche eines anderen nicht ausnutzt.

Nie wieder in ihrem Leben gefallen sich Menschen so sehr als Entdecker. Kinder wollen alles wissen, alles sehen, alles anfassen. Unser gesamtes Denken und Fühlen beruht darauf, dass wir andere Menschen beobachten und die Dinge berühren. Kinder suchen Führung und Informationen darüber, was man tut und was nicht. Wenn alles in Ordnung ist und Erfahrungen verarbeitet sind, wagen sie sich weiter vor. Sie möchten an ihre Grenzen gehen, um sich zu orientieren. Sie erleben nicht: Alles wird gut. Sondern: Alles ist gut.

Kein Geschöpf imitiert so schnell und so mühelos den anderen wie der Mensch. Wenn wir einem anderen dabei zusehen, wie er Eis schleckt, wollen wir auch eins haben. Sieht ein Kind, wie wir Erdbeeren kaufen, aktiviert dies unbewusst seine Mundmuskulatur. Wir empfinden die Absichten des anderen, als ob es die eigenen wären. Es ist der Mechanismus der Spiegelneuronen, der uns einen Einblick gibt in eine andere Welt. Diese Nervenzellen im Scheitellappen des Gehirns ermöglichen, Wünsche und Absichten eines anderen Menschen zu verstehen. Wie Spiegelneuronen wirken, beobachten wir, wenn jemand lacht, gähnt oder weint: Wir geraten in Versuchung, es ihm gleich zu tun. Wir imitieren unbewusst Stimmungen, Mimik und sogar Körperhaltungen. Menschen, die sich sehr lieben, haben oft die gleiche Körpersprache. Auch der Schmerz des anderen kann zu ihrem werden. Hirnzellen werden nicht nur aktiviert, wenn andere sich eine Nadel in die Finger stechen. Sondern auch, wenn wir nur zugucken.

Bereits Neugeborene reagieren auf Freude und Kummer. Ab Mitte bis Ende des zweiten Lebensjahres sind Kinder fähig, Leid lindern zu wollen. Sie streicheln, sie drücken, sie nehmen in den Arm: Heile machen, sagen sie. Oder holen Hilfe. Dabei unterscheiden kleine Menschen wenig zwischen Vertrauten und Fremden. Ihre Anteilnahme ist noch ungeteilt.

»Bevor Kinder aus Mitgefühl handeln können«, sagt die Münchner Psychologie-Professorin Doris Bischof-Köhler, »müssen sie ein Ich-Bewusstsein entwickeln. Das zeigt sich daran, dass sie sich im Spiegel erkennen. Erst dann können sie Emotionen, die sie nachempfinden, dem anderen zuordnen.« Doris Bischof-Köhler erforschte diesen Zusammenhang bei einem Versuch mit 18 bis 24 Monate alten Kindern. Bei den einen war die Fähigkeit zum Mitgefühl stark, bei den anderen noch gar nicht ausgeprägt. Allen Kindern wurde ein blauer Fleck auf die Wange gemalt. Dann sollten sie sich im Spiegel betrachten. Kinder, die sich ins eigene Gesicht fassten, also erkannten, dass dort der Fleck war, reagierten gegenüber einer Person in einer Notlage mit ausgeprägtem Mitgefühl. Dagegen zeigten sich Kinder, die sich noch nicht erkannten, gegenüber einer notleidenden Person noch unbeteiligt. »Um mich in einen anderen Menschen hineinversetzen zu können«, sagt Doris Bischof-Köhler, »muss ich erkennen, dass ich und der andere von gleicher Art sind. Wer so aussieht wie ich, der empfindet auch wie ich. Ich kann mich dann mit ihm identifizieren und erlebe seine Situation, als sei es meine eigene.«

Aber mit der Zeit verkümmert diese Fähigkeit. Viele Eltern meinen, ihren Kindern mit vier, fünf Jahren beibringen zu müssen, genauer hinzuschauen, wem sie ihr Mitgefühl schenken. In diesem Alter gerät die spontane Anteilnahme unter die Kontrolle von Regeln. Jetzt wird überlegt, wer Anteilnahme verdient hat. Eher kleinere Kinder. Oder nur die Freunde. Auch der Aufwand sollte nicht zu hoch sein. Wer hat nicht schon mal beobachtet, wie Eltern ihrem Nachwuchs teures Spielzeug aus der Hand reißen, wenn sie es freimütig weinenden Kindern schenken möchten? Immanuel Kant, der den Gefühlen keinen großen Wert beimaß, schrieb 1764: »Es ist nicht möglich, dass unser Busen für jedes Menschen Antheil von Zärtlichkeit auffschwemme und bei jeder fremden Noth in Wehmuth schwimme.«

So hält sich auch das Verständnis der Eltern für die Bedürfnisse ihrer Kinder in Grenzen. »Zu gern gefallen sich die

Erwachsenen in dem traurigen Amt, die Jugend darauf vorzubereiten, dass sie einmal das meiste von dem, was ihr jetzt das
Herz und den Sinn erhebt, als Illusion angesehen wird«, sagte
der Nobelpreisträger Albert Schweitzer. Er kämpfte zeit seines
Lebens gegen die »resignierte Vernünftigkeit« des sogenannten »reifen« Menschen. Der Arzt versuchte, Eltern zu ermuntern, die Kindheit aus der Sicht ihrer Kinder verstehen zu lernen. Deren Wahrnehmung zu trauen, nicht nur ihrer eigenen.

Der Sohn eines Pfarrers beschreibt dies in einer kleinen
Geschichte über eine Prügelei. »Eines Tages, auf dem Nach-
hauseweg von der Schule, rang ich mit Georg Nitschelm – er
ruht nun schon unter der Erde –, der größer war und für stärker galt als ich, und bezwang ihn. Als er unter mir lag, stieß
er hervor: ›Ja, wenn ich alle Woche zweimal Fleischsuppe zu
essen bekäme wie du, da wäre ich auch so stark wie du!‹ Erschrocken über dieses Ende des Spiels wankte ich nach Hause.
Georg Nitschelm hatte mit böser Deutlichkeit ausgesprochen,
was ich bei anderen Gelegenheiten schon zu fühlen bekommen hatte. Die Dorfknaben ließen mich nicht ganz als einen
der Ihrigen gelten. Ich war für sie der, der es besser hatte, das
Pfarrerssöhnle, das Herrenbüble. Ich litt darunter, denn ich
wollte nichts anderes sein und es nicht besser haben als sie.
Die Fleischsuppe wurde mir zum Ekel. Sowie sie auf dem
Tisch dampfte, hörte ich Georg Nitschelms Stimme. Nun
wachte ich ängstlich darüber, mich in nichts von den anderen
zu unterscheiden. Auf den Winter hatte ich einen Mantel bekommen, aus einem alten meines Vaters gemacht. Aber kein
Dorfknabe trug einen Mantel. Als der Schneider mir ihn an-

probierte und gar noch sagte: ›Potz Tausend, Albert, jetzt bist du bald ein Monsieur!‹, verbiss ich mit Mühe die Tränen. Am Tage aber, wo ich ihn zum ersten Mal anziehen sollte – es war an einem Sonntagmorgen in der Kirche –, weigerte ich mich. Es gab einen üblen Auftritt. Mein Vater verabreichte mir eine Ohrfeige. Aber es half nichts. Man musste mich ohne Mantel zur Kirche mitnehmen. Jedes Mal nun, wenn ich den Mantel anziehen sollte, gab es dieselbe Geschichte. Was habe ich wegen dieses Kleidungsstückes Schläge bekommen! Aber ich blieb standhaft.«

Freiheit aushalten

Wenn man das Leben mit dem Bau eines Hauses vergleicht, legt die Kindheit das Fundament. Ist das Fundament tief und fest genug, steht ein Haus sicher. Wie eine gute Statik die Last des Bauwerks auf den Baugrund überträgt und sich dort gleichmäßig verteilt, schafft eine gelungene Kindheit die besten Voraussetzungen dafür, späteren Belastungen zu begegnen. Ein Fundament aber entsteht nicht von heute auf morgen. Es steht auch nicht mehr fest, ob Kinder auf ihre Eltern bauen können. Es ist nicht die Aufgabe der Kinder, ihre Eltern zufriedenzustellen. Sie glücklich zu machen. Kinder sind auch nicht auf der Welt, um schlechte Launen zu kompensieren, weil Vater oder Mutter nicht so gut drauf sind. Werden Kinder permanent gemaßregelt, lagert sich auch diese Erfahrung unauslöschlich ein.

Erziehung, sagen Psychologen, kann nur gelingen, wenn sie zur Beziehung wird. Der eine den anderen versteht. Der andere von einem lernt. Gibt. Und nimmt. »Das Fundament für das Urvertrauen der frühen Kindheit«, schreibt der Entwicklungspsychologe Erik H. Erikson in seinem Essay »Der vollständige Lebenszyklus«, »wurde in erster Linie durch die fast uneingeschränkte Aufmerksamkeit und Großzügigkeit der stillenden Mutter gelegt. Mit dem Bekommen dessen, was gegeben wird, und dem Erwerb der Fähigkeit, jemanden dazu zu bekommen, das Gewünschte zu geben, entwickelt der Säugling auch das notwendige adaptive Fundament, um eines Tages selbst ein Gebender zu werden.«

Aber bekommen Kinder dieses Geben und Nehmen heute auch noch vorgelebt? Erleben sie Eltern, die kriegen, was sie wollen? Die sagen, was sie denken? Handeln, wie sie fühlen? Oder erleben sie eher Eltern, die mühsam versuchen, sich und ihre Beziehungen zu meistern? Weil sie in einem System gefangen sind, aus Gewohnheiten, Gedanken und Regeln, und überfordert sind mit Selbstzweifeln und Schuldgefühlen? Nicht ertragen, dass sich ihre Kinder Freiheiten herausnehmen, die sich die Eltern im Lauf ihres Lebens abschminken mussten? Ist die Diskussion um Regeln und Ordnung in Wahrheit nicht eine Neid-Debatte?

»Wir müssen lernen zu gewichten, wir müssen vor allem lernen, uns nicht verführen zu lassen, der Güte, der Liebe und der Fürsorge immer den Vorrang zu geben«, schreibt der frühere Internatsleiter Bernhard Bueb in seinem Bestseller »Lob der Disziplin«. Der ehemalige Direktor der Bodensee-Eliteschule Salem nutzt die Erziehungskrise zum Rundumschlag. Und stellt böse Buben in die Ecke. »Sie ignorieren Anweisungen, rebellieren gegen Erziehungsmaßnahmen, missachten Gebote und wenden alle Mittel an, um ihren eigenen Willen durchzusetzen. Sie sind quengelig, penetrant und geschickt im Kampf für ihre eigenen Interessen.« In der Folge fordert Deutschlands »strengster Lehrer« *(Bild)*: »Wir müssen uns dazu durchringen, legitime Macht als Autorität anzuerkennen, die Macht Gottes, die Macht des Staates und die Macht der Erziehungsberechtigten.«

Auf die Bindung kommt es an

In den vergangenen Jahrzehnten haben die Forscher und Erzieher in Studien und Experimenten eine Menge Material zusammengetragen, wie Erziehung gelingt und wie sie misslingt. Unumstritten ist, dass sich Kinder von klein auf an ihre Eltern binden und sich, ähnlich wie Tierjungen, am Verhalten der Erwachsenen orientieren. Kinder durchleben in den ersten sechs Jahren drei entscheidende Phasen, die ihr Leben und ihre Sicht auf die Welt prägen. In der oralen Phase glaubt ein Kind, dass alles toll ist, was es macht. Dass es alles allein bestimmen kann. Und für alles geliebt wird, was es will: Jeder Wunsch muss sofort befriedigt werden. Wenn die Mutter nicht in der Nähe ist, schreit es. Sein Mund ist eine einzige erogene Zone, es macht Lust zu saugen und zu lutschen und zu beißen. Kinder gebrauchen Lippen und Zunge, um Gegenstände zu untersuchen. Das Gehirn speichert diese Erfahrung. Derart bestärkt, beschützt und geborgen, nehmen die Lehrlinge des Lebens jede Stunde, jeden Tag mit ungeheurer Hartnäckigkeit einen neuen Anlauf. Bis sie endlich das Gleichgewicht halten können und mit einem Jahr laufen lernen, um weitere Räume zu erobern. Schritt für Schritt verschieben sich die Grenzen. Eltern müssen lernen, diese rasante Langsamkeit auszuhalten: Aber vielen geht es nicht schnell genug.

Mit dem Krabbeln entdecken Kinder, dass sie nicht allein sind auf der Welt. Sie begreifen langsam, dass es mehr Menschen gibt als die Mutter; sie lernen, zwischen sich und anderen zu unterscheiden. Mit 18, manchmal auch erst mit 24 Monaten, hilft der Vater dem Kind, aus der Verbundenheit mit der Mutter herauszutreten. Unter seinem Schutz beginnt das Spielen, aus Bauklötzen werden Flieger, aus Klorollen Brillen. So langsam gewöhnen sich beide aneinander, das Baby lernt auch den anfangs fremden Mann auch als Beschützer zu schätzen. Aber immer noch dreht es den Kopf nach der Mutter, um sich zu vergewissern, dass sie da ist. Das Kind entdeckt die Haut als Grenze und das Gefühl: Ich bin drinnen, und draußen ist die Welt. In der analen Phase bis drei Jahren macht es Kinder stolz, über sich bestimmen zu können. Sie können aber noch nicht die Auswirkungen ihrer Handlungen begreifen und Scham von Schuld trennen. Wenn Eltern ihren Kindern sagen, dass sie etwas »Böses« gemacht haben, fühlen diese sich gedemütigt und erniedrigt. Die Eltern sagen: Das war böse. Die Kinder verstehen: Ich bin böse. Mit vier und fünf Jahren bestimmt Phantasie die kindliche Welt. Die Kinder bauen Schlösser in der Luft und wandern auf Wolken, sind König und Prinzessin. Alles, was sie sich vorstellen können, wird wahr. Der Stock wird zum Schwert, das Springseil zum Schwebebalken. Totes ist lebendig und die Welt voll von Zauber. Sie wissen, es gibt etwas Größeres als sie selbst. Als mal ein kräftiger Wind wehte, meinte mein Sohn mit fünf Jahren: »Schau mal Papa, da läuft Gott.«

Wenn jede Phase durchlebt und abgeschlossen ist, haben Kinder eine Grundausstattung fürs Leben. Einen guten Vorrat gesammelt, für schlechte Zeiten. Sie können ihr Handeln und die Reaktionen der anderen besser einschätzen und von sich auf andere schließen. »Wenn sich Väter und Mütter in die Entwicklungsschritte ihrer Kinder einbinden«, sagt Kinderpsychologe Wolfgang Bergmann, »dann hören sie auch später auf sie. Sie gehorchen und halten Konflikte aus. Weil sie sich der positiven Gefühle der ersten Monate erinnern. In ihnen hat sich eine Gewissheit angesammelt, die sagt: Im Grunde ist alles gut. Dieses positive Gefühl ist im Gehirn messbar.«

So gewinnt das Leben Struktur: Wenn ein Kind aus sich heraus lernen möchte, gegen die Schwerkraft anzugehen, sind Eltern nur wichtig, um zu verhindern, dass dies nicht ihr letzter Versuch ist. Kinder lassen sich gerne fallen: Was Eltern ihnen bieten sollten, sind ausgestreckte Arme. Das ganze Leben kennt aufeinanderfolgende Stadien von Wachstum und Entwicklung. Jeder Fortschritt besteht aus dem Analysieren von Fehlern und gemachter Erfahrung.

»Jedes Kind muss selbst entscheiden, wann es den nächsten Entwicklungsschritt macht, und die geistigen Voraussetzungen dafür erfüllen. Wann dieser Zeitpunkt gekommen ist, können die Eltern schwer entscheiden«, sagt Hans-Michael Straßburg, Oberarzt an der Würzburger Universitätsklinik. »Wenn das Kind erst mit 18 Monaten die ersten Schritte unternimmt, ist das kein Grund für die Eltern, sich Sorgen zu machen.« Der Züricher Kinderarzt Remo H. Largo, Vater dreier Töchter und Professor für Kinderheilkunde, stellte fest, dass etwa 13 Prozent aller Kinder Stadien der Entwicklung auslassen. Sie robben nicht, sie kriechen nicht, sie setzen sich stattdessen auf ihren Hosenboden und rutschen herum. Wie Largo herausfand, bewegten sich bei 40 Prozent dieser Kinder auch Vater oder Mutter so in jungen Jahren. Das Sitzen auf dem Hosenboden war also vererbt. »Warum«, fragt der Kinderfreund Largo, »sind wir gegenüber Kindern so intolerant? Warum verlangen wir von ihnen mehr, als wir selbst zu leisten imstande sind? Weshalb reiten wir als Eltern und Fachleute auf den Schwächen der Kinder herum?«

Wenn wir das nur wüssten. Das Wissen um Entwicklung schwindet. Dass alles seine Zeit braucht, dass alles seine Zeit hat, wollen wir heute nicht mehr glauben. Wir haben uns verfügbar zu halten, und uns steht vieles auf Knopfdruck zur Verfügung. Am Tag. Und in der Nacht. Abwarten und durchhalten, Vertrauen und Phantasie, Freiheit und Geborgenheit werden zu fremden Wörtern. Anstatt konsequent darüber nachzudenken, wie es Müttern oder Vätern ermöglicht werden kann, die ersten zwei oder drei Jahre bei ihren Kindern zu bleiben, wenn sie denn wollen, debattieren Frühbildungspolitiker über Personalschlüssel in Krippen. Reicht es, dass eine

Erzieherin für acht Kinder zuständig ist wie in Brandenburg? Oder sind vier wie in Rheinland-Pfalz optimal? Sollten Kinder mit zwei Jahren höchstens 20 Stunden in der Woche »fremdbetreut« werden, oder geht es auch länger? Eltern müssen bei den Ämtern Zeit-Bezugsscheine beantragen. Sie heißen H2, H3, oder H5. Bis 2013 soll jedes Kind einen Anspruch auf einen Kindergartenplatz haben, aber schon heute steht fest, dass es nicht genug Erzieher gibt.

»Kinder unter drei Jahren machen in der Sprachentwicklung enorme Fortschritte und brauchen einen kompetenten Erwachsenen, der sie begleitet«, sagt Lieselotte Ahnert, Entwicklungspsychologin an der Universität Köln. »Sie benötigen Vertrauen, dass sie diese Lernschritte schaffen, und dafür ist individuelle Zuwendung nötig. Um ein zweijähriges Kind zu verstehen, müssen Erzieher es genau kennen und seine Äußerungen gut interpretieren können. Eine Erzieherin kann dies nicht leisten, wenn sie alle fünf Minuten etwas anderes machen muss.«

Daran sind Eltern nicht unschuldig. In einem Fernsehbeitrag über »Elite-Bildung« mokierte sich eine Mutter über eine Kindergärtnerin, die ihrem Sohn beim Spielen zuschaute. Sie war aufgebracht, weil er im Sandkasten Burgen bauen durfte und nicht mit Basteln, Experimenten und Versuchsanordnungen konfrontiert wurde.

Manche Mütter, manche Väter reden über ihre Kinder, als seien es Fabriken. Sie sollen Leistung bringen, die zu einer bestimmten Zeit abgefragt und bewertet werden kann. Wenn sich alles rechnen muss, wird das Leben, in einer Mischung aus schlechtem Gewissen und guten Vorsätzen, zum Gegengeschäft. Das Gehirn zur »Festplatte« und ungenutzte Zeit zum Problem. Von Kreativität, Gedankentiefe und Sinnlichkeit ist nicht mehr die Rede.

»Du sagst: Mein Kind«, schreibt der polnische Kinderarzt Janusz Korczak 1914 in seinem Lebenswerk »Wie man ein Kind lieben soll«. »Wann hast du das größte Recht darauf, wenn nicht in der Zeit der Schwangerschaft? (…) Nein, nicht einmal in den Monaten der Schwangerschaft und in den Stunden der Geburt gehört das Kind dir.«

Der »König der Kinder« leitete das Warschauer Waisenheim Nasz Dom (»Unser Haus«), bis die Nationalsozialisten am 5. August 1942 Kinder und Erzieher in einen Zug ins Vernichtungslager Treblinka zwangen, wo sich die Spuren verlieren. Wer wieder einmal an seinem Kind zerrt, es anbrüllt oder mit seinen Problemen und Projektionen belästigt, sollte sich die Gedanken von Janusz Korczak zu Gemüte führen. Freimütig beschreibt er seine anfänglichen Schwierigkeiten bei der Erziehung: »Reich an Illusionen, arm an Erfahrung, sentimental und jung, glaubte ich, vieles schaffen zu können, weil ich viel erreichen wollte.« Der Doktor kannte das Gefühl zu versagen, diese Mischung aus Zorn und beleidigtem Ehrgeiz. Dass Verständnis allein nicht genügt, um Schwierigkeiten zu vermeiden. Und es zum Elternsein gehört, eigene Ansprüche und Erwartungen immer wieder zu überprüfen und zu relativieren: »Erkenne dich selbst, bevor du Kinder zu erkennen trachtest.«

Janus Korczak forderte »die Magna Charta Libertatis«, die

großen Freiheitsrechte für Kinder. »Vielleicht gibt es noch andere – aber diese drei Grundrechte habe ich herausgefunden: Das Recht des Kindes auf den heutigen Tag. Das Recht des Kindes, so zu sein, wie es ist. Das Recht des Kindes auf seinen Tod.« Korczak wollte mit diesen drastischen Worten die Eltern ermutigen, ihren Kindern Zeit und Raum zu geben, um sich selbst zu probieren. Und sie nicht mit Ängsten zu ersticken. »Aus Furcht, der Tod könnte uns das Kind entreißen, entziehen wir es dem Leben.« Man könnte die Forderungen Korczaks erweitern: Jedes Kind hat ein Recht auf Mittelmäßigkeit. Ein Recht darauf, nicht perfekt zu sein. Ein Recht darauf, Fehler zu machen. Das Recht auf Achtung. Das Recht darauf, einen Schritt nach dem anderen tun zu dürfen. Das Recht, über Zärtlichkeiten und Berührung selbst zu entscheiden. Das Recht auf Bindung. Das Recht zu spielen.

Erziehung braucht Zeit

Es ist schwer geworden, Kindern Spielräume zu bieten. War Hausarrest in meiner Kindheit eine Strafe, so ist sie heute eine Belohnung. Die Freunde meines Sohnes unterscheiden zwischen Drinnen- und Draußen-Kindern. Stubis, das sind die Stubenhocker. Sie sitzen vorm Computer oder holen sich Natur ins Haus. Jedes Experiment, jede Erfahrung gibt es heute auch als Probierpaket im gut sortierten Kinderspielfachgeschäft. »Kosmos Naturspaß Krabbeltiere« zum Beispiel sollen den Entdeckerdrang fördern. Bevor es so weit ist, müssen Eltern erst einmal die Gebrauchsanweisung beackern. An den Grabbeltischen der neuen deutschen Erlebnismuseen finden sich Gebrauchsanweisungen für alle Elemente: Feuer, Erde, Wasser, Luft. Einmal benutzt, verstauben sie unterm Kinderbett, Asche zu Asche, Staub zu Staub. Die listigen Macher der Micky-Maus-Hefte boten mal stecknadelkopfgroße Urkrebse zum Züchten an: Die Tierchen waren nicht mal mit einer Lupe zu erkennen.

Wer am Wochenende Zeit hat, fährt mit seinen Kindern aufs Land oder mietet sich in einer Kleingartensiedlung ein: Laube, Liebe, Hoffnung. Wir wissen, was falsch läuft: Kinder auf großen Straßen, Kinder ohne Gärten. Kinder werden überall angeschnallt, im Maxicosi, im Kinderwagen. Die Spielgeräte sind vorgefertigt, es gibt Verhaltensregeln für das Betreten von Grünflächen. Wo kann man in der Stadt schon mal einen Apfel klauen? Wo ein Feuer machen? Pusteblumen pflücken? Ein Baumhaus bauen? Ein Pony reiten? Gemüse pflanzen? Was sie so alles machen können, davon lesen die Kinder abends in den Geschichten aus Bullerbü, immer noch beliebter als das »Weltwissen der Siebenjährigen«. Es ist gemein, ihnen den Mund wässrig zu machen und ihnen dann nicht das Wasser reichen zu können.

In der Stadt lassen Eltern ihre Kinder nicht laufen; sie sprechen vorher ab, wie weit sie gehen können. Also die nächste Straße rauf und runter. Wenn ich die Freunde meines Sohns ermuntern möchte, sich zwei Kilometer von ihrer Wohnung zu entfernen und durch einen Park zu streunen, wissen sie nicht, wie und wo. Erst mal die Eltern fragen, ob sie das Handy mitnehmen sollen. Aber mit einem Rädchen losfahren, das dürfen selbst Knirpse von Anfang an. Die kleine ersetzt die große Freiheit. In der Stadt sind bereits zweieinhalbjährige Kinder mit dem Laufrad unterwegs.

Man bekommt Szenen mit wie diese: »Lara, wenn du mit deinen Füßen nicht vernünftig bremsen kannst, ist Schluss mit dem Radfahren. Ich habe dir das heute schon viermal gesagt.« Die kleine Lara weiß nicht, wie ihr geschieht. Mama hat ihr das Laufrad geschenkt, und jetzt schimpft sie. Was kann das Mädchen dafür, dass die Mutter ihr eine Handlung zumutet, die es noch nicht beherrschen kann? Die Kleine lernt vielleicht ihr Gleichgewicht besser kennen; aber Geschwindigkeit hat sie in ihrem Alter noch nicht unter Kontrolle.

Eltern neigen dazu, die Fähigkeiten ihrer Kinder falsch einzuschätzen. Laufräder sind so ein Lieblingsspielzeug grenzenloser Eltern. Im Internet tauschen sie sich aus: »Hallo! Den Lauflernwagen von Haba kann ich empfehlen, Florian hat ihn zum ersten Geburtstag bekommen, und er konnte ihn überall hinschieben und nicht hinfallen. Er hat ihn geliebt. Jetzt haben wir ihn weiterverkauft, da sein Interesse doch nun mehr anderen Dingen gilt. Bei einer Bekannten konnte ich mir das Laufrad vorgestern in natura ansehen und ich bin sehr begeistert. Florian bekommt es in der Farbe hellblau, die ist jetzt ganz neu und die finde ich schick. Welche Farbe nehmt ihr, Beate? LG Tina.«

Andere Mütter preisen Schutzkleidung, bevor sie die Knirpse auf die Überholspur setzen: »Als der Sohnemann dieses Laufrad zum zweiten Geburtstag geschenkt bekommen hat, wusste er zunächst noch gar nicht recht damit umzugehen. Immer wieder ist er hingefallen. Doch wie man so schön sagt, Übung macht den Meister! Es dauerte gar nicht lange und dieses Laufrad wurde zu seinem Ein und Alles! Man muss ja staunen, wenn Kinder etwas wollen, klappt es auch! Der Junge war bald flinker mit diesem Laufrad als ich zu Fuß! Man sollte zu diesen Laufrädern Sturzhelm und Schienbeinschoner dazu anbieten, denn die blauen Flecken an den kleinen Beinchen konnte ich irgendwann gar nicht mehr zählen. Das Laufrad Flitz Kids ist im Gegensatz zum Laufrad Ratz Fatz etwas weniger gut ausgestattet. Da mein Mann nicht sehen konnte, wie der Kleine ständig stürzte, brachte er an der Lenkerstange ein Polster an. Dieses Polster war ein Stück Rohrisolierung von Heizungsrohren. (Egal, Hauptsache es dient seinem Zweck, nämlich Beulen zu verhindern!) Ein paar negative Dinge sind uns während der Benutzung auch aufgefallen, ich möchte sie hier kurz benennen: Das Laufrad lässt sich für Kinder schwer abstellen, weil der Lenker zum Abstellen nur in einer bestimmten Richtung stehen kann. Macht man das nicht, fällt das Laufrad um, das hat zur Folge, dass irgendwann die Gummigriffe am Lenker durch sind und das blanke ›Rohr‹ herausschaut. Natürlich haben wir auch dafür eine Lösung gefunden. Wir haben einfach einen Korken (aus Kunststoff) halbiert und in das Rohr gesteckt. Da wir auf dem Hof auch unsere Autos parken müssen, ist das ohne Schutz am Griff natürlich blöd, wenn die Kinder mal versehentlich dagegen fahren.«

Wenn alles möglich zu sein scheint, hat nichts mehr

seine eigene Zeit. Die Polizei nimmt die Fahrradprüfung am Ende des vierten Schuljahres ab. Weil Kinder erst dann in der Lage sind, Gefahren richtig einzuschätzen und rechtzeitig zu erkennen. Überforderung ist mittlerweile die Hauptursache bei Unfällen mit Kindern. Manchmal sind es Richter, die Eltern Grenzen zeigen. Der Bundesgerichtshof zum Beispiel entschied, dass Kinder unter zehn Jahren wegen ihres »Lauf- und Erprobungsdrangs, ihrer Impulsivität, ihrer Affektreaktionen und mangelnder Konzentrationsfähigkeit« oft nicht in der Lage seien, sich verkehrsgerecht zu verhalten. Auch die Schüler-Unfallversicherung behandelt Kinder nicht wie Erwachsene. Durch »schul- und alterstypisches Verhalten« gehe der Versicherungsschutz nicht verloren, urteilte das Bundessozialgericht in Kassel. Es sprach den Eltern eines Achtjährigen Geld zu, der nicht rechtzeitig aus dem Schulbus gestiegen war und dabei verunglückte.

Menschen sind nun mal so, wie sie sind. Nur weil in unserer Zeit alles machbar zu sein scheint, jeder ein anderer sein könnte, weil es so viele Möglichkeiten gibt, immer wieder Neues zu probieren und die Blickwinkel zu ändern, sind Kinder keine Knetmasse. Sie sind nicht unverwüstlich und können sich nicht beliebig an unsere Bedürfnisse anpassen. Sie brechen zusammen unter der Erwartung der Eltern und sind den steigenden Belastungen nicht gewachsen. Wenn heute nur einem Drittel der Schüler einer vierten Klasse das Gymnasium empfohlen wird, kann man sicher davon ausgehen, dass sechs von zehn Kindern aufs Gymnasium geschickt werden. Weil ihre Eltern es so wollen.

Zu Hause wird dann nur noch abgefragt: Welche Note? Hausaufgaben fertig? Schlüssel dabei? Dass Kinder sich vielleicht erst nach Stunden oder Tagen an einen Streit erinnern, sich ihrer Gefühle nicht sicher sind, nicht sofort wissen, was sie sagen sollen: Mama und Papa können sich nicht um alles kümmern. Kinder sind dann lästig, weil sie anders denken, anders sehen, anders fühlen. Aber sie haben ihre eigenen Probleme. Die stehen in keinem Prospekt. Ich kenne einen zehnjährigen Jungen, der sich zu Weihnachten sehr über neue Autos für seine Carrera-Bahn gefreut hatte. Schnelle, schnittige Flitzer, die richtig Spaß machen. Nach den Ferien erzählte er dies stolz seinem achtjährigen Freund in der Schule. Und kam heulend nach Hause. Der andere Junge hatte mit einer Spielkonsole und neuen Computer-programmen geprahlt, die nicht so richtig billig seien, aber leider könnten sich ja nicht alle Eltern so tolle Geschenke leisten, das ginge ja nur, weil der Vater so eine prima Arbeit hat. Nicht, dass die anderen Eltern arbeitslos oder ohne Geld sind: Aber der Carrera-Fahrer war am Boden zerstört. Seine Mutter nahm sich Zeit, ihren Sohn wieder aufzurichten, um ihm das Gefühl der Freude zurückzugeben. Ihn zu trösten, dass ihm nichts fehlt. Sie stärkte sein Gefühl, dass er stolz sein kann auf seine Geschenke. Dass richtig ist, was er denkt.

Viele Eltern nehmen sich diese Zeit nicht. Sie wollen nicht, oder sie können nicht. Und sind plötzlich genervt, wenn jeder Erziehungsschritt zum Verhandlungsmarathon wird. Ob es um Süßigkeiten geht oder Hausaufgaben, Zähneputzen oder die Zeit vor dem Fernseher: Alles wird ermüdend verhandelt.

Ach, wie schön ist »Basta«-Land. Einfach nein sagen, ab ins Bett und ruh dich aus. Kein Fernsehen mehr, kein Computer, morgen ist wieder Schule: Schlaf gut!

Lasst die Kinder in Ruhe

Nicht Kinder, Eltern brauchen Grenzen. Kinder wollen alles, und zwar sofort. Das Leben ist bunt, die Welt groß, und mit Worten wie Vernunft können sie überhaupt nichts anfangen. Der Job der Eltern ist, sich und ihren Kindern Respekt beizubringen. Das lateinische »respectus« bedeutet so viel wie »zurückschauen, Rücksicht, berücksichtigen«. Es beschreibt, was Eltern zu tun haben. Sie sind ihren Kindern um Jahre voraus, sie haben mehr erlebt und viel erfahren. Kinder müssen sich nicht jeden Tag die Finger verbrennen, um zu merken, dass die Herdplatte heiß ist. Sie erwarten Anweisungen. Sie erwarten, dass Vater und Mutter der Verantwortung, die sie bei der Geburt ihres Kindes übernommen haben, auch gerecht werden. Dass sie um die Balance wissen, zwischen Festhalten und Loslassen. »Starke Väter und starke Mütter sind notwendiger als je zuvor«, sagt Wolfgang Bergmann. »Sie dürfen sich nicht selbst abschaffen, weil sie meinen, mit ihren Kindern auf Augenhöhe sein zu müssen.«

Kinder wollen wissen, wo es langgeht. Viele Eltern aber haben sich selbst verlaufen. Sie wissen nicht mehr, in welche Richtung sie ihre Kinder schicken sollen. Die Kinder würden gerne folgen, kommen aber nicht hinterher. Ihre Eltern bieten keine Orientierung. Sie bieten Gespräche. Sie palavern ohne Pause. Heute wird viel geredet. Früher sagte man: Lass das. Heute fragt man: Warum hast du das gemacht? Was hast du dir dabei gedacht? Man fragt das gern in Momenten, die unpassend sind. Wenn das Kind eine Tasse umgeworfen hat, zum Beispiel. Was soll das Kind sagen? Soll es die Bewegung seiner Hand beschreiben?

Wer hat uns Eltern eingeredet, immer und überall diskutieren zu müssen? Unseren Kindern mit Sätzen zu begegnen, nicht mit Gesten? Müssen wir immer wissen, was die Kleinen gerade denken und fühlen? »Wir Eltern befinden uns in einer ständigen Unruhe in Bezug auf unsere Kinder«, sagt Wolfgang Bergmann. »Wir ertragen es nicht, wenn sie irgendeine Art von Unzufriedenheit äußern. Wir möchten alles Gute für sie, und wir möchten es im Übermaß. Und genau dies tut Kindern nicht gut.«

Wer sich mit Psychiatern und Psychologen unterhält, bekommt den Eindruck, dass Kinder in vielen Familien die Macht übernommen haben. Sie bestimmen, wie ihre Eltern reagieren, sie treiben Vater und Mutter vor sich her. Sie ziehen sich umständlich die Strumpfhose an, erst auf rechts, dann auf links; sie suchen träumend einen Schuh oder verlangen an der Einkaufskasse lauthals nach Kaugummis. Und jeder spürt, wie Mutter oder Vater, die mal eben zwischendurch noch ein paar Einkäufe erledigen wollten, innerlich kochen, aber in der Hektik – hinter sich eine drängende Schlange – es nicht wagen, ihr plärrendes Kind zu maßregeln. Aus Angst, etwas falsch zu machen oder dem Kind mit einem

Verbot einen seelischen Schaden zuzufügen, lassen sie sich demütigen und gehen an die Grenze des Erträglichen. So erzählt eine Mutter über ihren dreijährigen Jungen: »Dann nervt er damit, indem er ständig etwas fordert, um es dann mit einem lauten Neeeeiiin wieder abzulehnen. Reagiert man gar nicht mehr, fängt er an zu bocken und steigert sich da rein. Im Supermarkt hat er nun herausbekommen, wie es ganz einfach ist, an seine Belange zu kommen. Er schnappt sich Artikel XY, rennt durch die Gänge, reißt seine Beute auf und stopft sie sich rein. Erwischt oder ermahnt man ihn, werden gerne Sachen aus den Regalen gerissen, oder es wird sich theatralisch auf den Boden geschmissen, um sich geschlagen und mit Absicht umliegende Dinge zerstört. Am Ende hilft es nur noch, ihn in die Karre zu verfrachten und ihn anzuschnallen. Dann muss man ziemlich schnell sein, man muss gute Nerven haben, denn die dann einsetzende Sirene kann Kopfschmerzen, Wut oder totale Erschöpfung hervorrufen.«

Weltkulturerbe Kindheit

Ich. Alles. Sofort. Wenn drei Worte unsere Zeit beschreiben, dann sind es diese. Menschen aber wachsen nur an Widerständen. An Herausforderungen. Erziehung ist der mühsame und anstrengende Spagat zwischen Wunsch und Wirklichkeit. Dem, was möglich, und dem, was nötig ist. Kinder registrieren, wie ihre Eltern agieren und reagieren, sie gucken genau hin und schauen sich was ab. Wenn sie wirklich danach strebten, die Macht zu übernehmen, sähe es in unseren Familien anders aus. Kinder schreien nach Liebe und verlangen nach Führung. Kinder wollen sich binden und erwarten Vertrauen. Sie sehnen sich nach klaren Ansagen. Nach Eltern, die ihre eigenen Grenzen kennen. Und den Horizont ihrer Kinder erweitern, Schritt für Schritt. So, das kein Ziel im Weg steht.

Erziehung und damit Beziehung gelingt, wenn wir Eltern uns eingestehen, dass wir auch älter sind. Einen Vorsprung besitzen und mehr Erfahrung haben. Eine Ahnung von dem haben, wie die Dinge laufen. Dass nicht alles von jetzt auf gleich, von heute auf morgen geht. Wir die Alten und die Kinder die Jungen sind. Menschen wachsen von unten nach oben, wie sich auch unser Gehirn im Laufe der Zeit von hinten nach vorn entwickelt hat. Bis der Verstand kapiert, was das Gefühl will, bis wir uns an die Stirn fassen und abwägen können, wie wir angemessen reagieren sollen, vergehen bis zu 25 Jahre. So lange dauert es, bis das Stirnhirn seine Entwicklung abgeschlossen hat, dann erst sprechen Psychologen und Neurologen von einem »reifen Menschen«. Das Leben ist ein Prozess: nach 500 Millionen Jahren Hirn-Geschichte ist es von uns Eltern nicht zuviel verlangt, sich ein bisschen in Geduld zu üben. Kinder können viel, aber alles zu seiner Zeit. Solange sind wir gut beraten, ein wenig Nachsicht an den Tag zu legen, großzügig zu sein statt kleinkariert zu werden. Und nicht von uns auf andere zu schließen: Das musst du sehen, das musst du wissen, das musst du können. Wenn Kinder noch nicht so weit sind, wie wir uns das gerne wünschen, dann sollten wir vielleicht mal die Perspektive wechseln: Das Leben sieht von unten anders aus. Wer seinen Kindern auf gleicher Augenhöhe begegnen will, mutet ihnen eine Menge zu. Sich auch.

Kinder in die Welt zu setzen, ist an sich noch keine Leistung. Es reicht nicht, sich auf diesen Lorbeeren auszuruhen. Frauen und Männer sind keine Helden, wenn sie Mutter und Vater werden. Aber Eltern waren noch nie so wertvoll wie heute. Kinder haben unfassbar viele Möglichkeiten, sich Erziehungsversuchen zu entziehen. Es beeindruckt sie wenig, wenn zu Hause mal jemand kräftig auf den Tisch haut. Oder die Mutter ihrem Kind auf der Straße entgegenbrüllt: »Nina, ich habe heute schon einmal mit dir geschimpft.« Mama schmollt: Na und? Die Mutti zuckt auch mit den Schultern, wenn die Tochter bei Freunden aufs neue Sofa springt und nicht dazu bewegt werden kann, dies bitte sein zu lassen. »So geht es den ganzen Tag«, sagt die zur Erziehung Berechtigte und sucht nach Trost in mitleidigen Blicken. Sie verlangt nach Streicheleinheiten, weil das Kind nicht auf Mutti hört. Gute Mama, böses Kind: viele Eltern ziehen sich so eher beleidigt zurück, als sich in Stellung zu bringen. Sie degradieren einen Fulltimejob zur Teilzeitarbeit. Und beanspruchen eine Art Probezeit. Es könnte alles so einfach sein, ist es aber nicht: Eltern zu werden, bedeutet, sich entschieden zu haben. Im Guten wie im Bösen. Sich der notwendigen Auseinandersetzung zu stellen. Entweder zu überzeugen. Oder zu entscheiden. Aber viele Eltern machen keine Anstrengung mehr, ihre Komfortzone zu verlassen, weil sie zu bequem sind, ihre Kinder zu konfrontieren.

Wir suchen immer jemanden, bei dem wir Schuld abladen können; wir vermeiden das, was weh tut, und erleben lieber, was Spaß macht. Wir drehen die Dinge stets so, dass wir die Guten sind. Das liegt in der menschlichen Natur. Aber wenn wir unser Leben nicht auf die Reihe bekommen, wenn in unserem eigenen Haus der Segen schief hängt, wenn wir weder bei uns noch bei unseren Kindern sind, sollten wir eher Ausschau halten nach der eigenen Nase, als auf unseren Kindern herumzutrampeln. Und ihnen nicht die Verantwortung in die Schuhe schieben. Heute ist weniger die Frage, ob es den Kinder gut geht mit ihren Eltern: vielmehr, ob sich die Eltern gut fühlen mit ihren Kindern. Die Reihenfolge hat sich verdreht. Nehmen ist seliger denn geben: wir sind viel zu sehr mit uns beschäftigt, als uns mit unseren Kindern zu beschäftigen. So, wie sie es verdient haben, weil sie Schutz verdienen. Eine gelungene, eine glückliche Kindheit ist es wert, endlich in die Liste des »Weltkulturerbes« aufgenommen zu werden. Als »Meisterwerk der menschlichen Schöpfung«.

Eltern, lasst die Kinder in Ruhe und kommt auch mal selbst zur Ruhe. Es überfordert uns und unsere Kinder, in jeder Situation darüber zu sinnen, ob wir nun erlauben oder verbieten sollen, kontrollieren oder loslassen, loben oder tadeln. Ob wir nun geliebt werden oder nicht. Lasst den Kindern ihre Ecken und Kanten und stutzt sie nicht ständig zurecht. Kinder können einstecken und austeilen, sie brauchen Lob und Tadel, sie fordern Nähe und benötigen Abstand. Und regeln viele Dinge von allein, wenn man sie nur laufen lässt. Eltern sollten ihren Kindern nicht hinterher rennen. Sie sollten ihnen voraus sein. Oder einfach mal stehen bleiben.

Kinder, hat meine Mutter immer gesagt, kommen selten nach anderen Leuten. Als ich meinen Sohn mit meinem Handy auf der Toilette telefonieren sah, grinste er nur wissend und sagte frech: »Papa, ich spare Zeit«. Vater und Mutter sind die ersten und wichtigsten Entwicklungshelfer. Eine gute Kindheit ist wie eine Quelle, die nie versiegt. Aus ihr entspringt das Gefühl von Sicherheit, das uns nicht verlässt. Die Kindheit ist ein Schatz, den wir hüten sollten. Wir sollten diese Zeit nicht ablegen wie eine alte Telefonnummer, hat Erich Kästner gesagt. Und nicht so tun, als hätten wir mit dem Kind von damals und den Kindern von heute nichts zu tun. Nur wer richtig klein sein darf, kann ein ganz Großer werden.

Dank

Herzlichen Dank an Aja, für Rat, Tat und Liebe. An Antje, fürs Überlassen ihres Landhauses. Danke an meine Freunde Inga Olfen, Detthard Martschinke, Hubertus Sprungala, Geshe Reimers, Andreas Mönnich und Martin Keß fürs Lesen und Korrigieren. Danke an Wolfgang Bergmann, Gerald Hüther, Jirina Prekop, Frank Ochmann, Holler Vierth, Christa Spiegel und Anette Baumeister-Duru für die Fachgespräche. Danke an meine Kolleginnen Anette Lache, Claudia Garcia und Ines Lütt-Becher für die Bücher. Danke an Angela. Danke an meine Eltern und Geschwister. Danke den stern-Chefredakteuren Thomas Osterkorn und Andreas Petzold und meinen Ressortleitern Florian Gless und Ulla Hockerts für Ihre Unterstützung. Danke für die vielen Gespräche mit den Freunden in der Hamburger Cappuccinobude bei Nico. Herzlichen Dank an meinen Verlag für das Vertrauen, danke an Petra Eggers für die Vermittlung. Und danke an meinen Sohn, der miterlebt hat, dass Bücher schreiben schlimmer ist, als Hausaufgaben zu machen.

Achtung!
Klassik Radio
löst Träume aus.